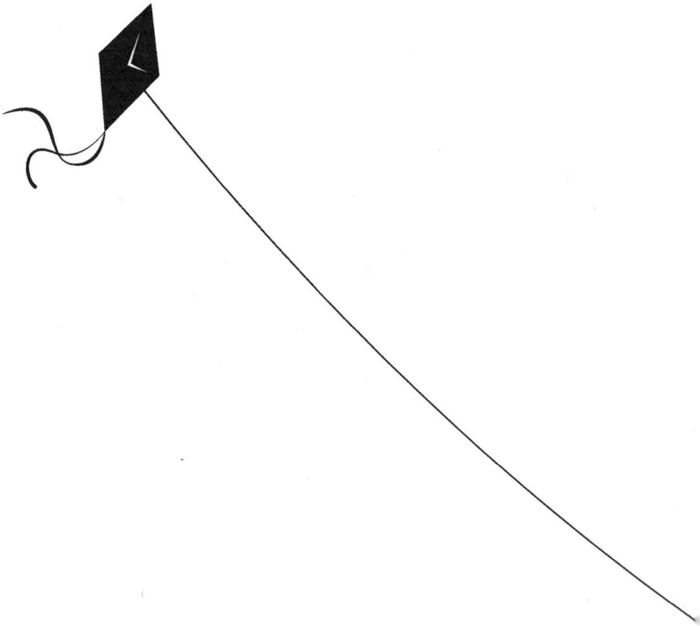

还有什么

比让孩子快乐

更重要呢？

袁敏 著

蒜头的世界

快乐妈妈教育笔记

华东师范大学出版社

写　在　前　面

蒜头是一个普通的孩子，

他调皮、出格，从来不是老师眼里的好学生。

他成长过程中发生的那些糗事，曾经带给我很大的烦恼，

然而，带给我烦恼的同时，却又带给我许多快乐和感动！

在今天，我看到许多家长正经历着我当年的烦恼，

为孩子的成绩达不到优等而焦虑，

为孩子种种离经叛道的行为而跳脚。

当我们为孩子教育揪心时，

有没有想过，孩子成长的快乐到底是什么？

有没有想过，孩子的内心是否真正被了解？

有没有想过，我们看待孩子的眼光和心态，能否换一种角度？

孩子的成长没有固定的模式。

假如蒜头的故事能给人一点启迪，

能让我们在和孩子交流时彼此快乐，

那真是一件开心的事！

目录

自序

糗事和趣事

蒜头是我的儿子，这本书里写下的每一个故事，都是真实的，是在我儿子成长的岁月里，确确实实发生过的事情。

常常的，女人聚集在一起的时候，都会情不自禁地聊起自己的孩子。而当我聊起我儿子小时候种种让我哭笑不得的糗事儿时，总有朋友说："你儿子太有意思了，你为什么不把他的故事写出来呢？"

我从来没有把朋友们的话当真，心想，这个世界上有多少精英父母，培养出多少出类拔萃的孩子，他们写下的故事和感悟，或许才会对大多数家长有可供借鉴的意义。

而我的儿子非常普通，从小学到中学，从中学到大学，一直不是老师眼中的好孩子，也不是一个考试成绩优秀的好学生。他常常犯错，被老师训斥。作为家长，我也常常被学校叫去，很难堪地接受老师严厉的批评。儿子当年的那些糗事儿曾经带给我多大的烦恼啊！把这些事情写出来有意义么？不会误导家长们么？

然而有一天,一个长期研究儿童教育心理学的朋友,在听我讲述了我儿子的一些故事后,对我说:“出类拔萃的孩子毕竟只是少数,大部分的孩子和你儿子一样,他们很普通,有的很淘气,甚至调皮捣蛋,其实这才是孩子的天性和本质。我们的许多家长,面对自己这样的孩子,常常不满意,他们总要拿自己的孩子和那些传统意义上的优秀孩子作比较,最终的结果往往是,弄得自己唉声叹气,弄得孩子垂头丧气。”

朋友说:“我觉得你的儿子其实很优秀,你这个当妈妈的教育理念也很另类。你和儿子之间发生的那些事情,你不觉得带给你烦恼的同时,也带给你许多快乐吗?如果只有烦恼,没有快乐,你怎么会那么津津乐道地对我们说你儿子的一个又一个故事呢?而如果有快乐,这种快乐来自什么?因何而起?有没有正面的积极意义?这一切,你想过没有?”

这位朋友的话让我很震撼!我承认,儿子从小到大虽然带给我许多烦恼,但更多的却是带给我快乐。朋友咄咄逼人的追问,我真的从未想过。

我知道这位朋友也有一个与众不同的儿子,他不曾像别的孩子们一样报考大学,叛逆期时,头发染成绿色,耳垂挂一对硕大的耳环,一副嬉皮士的模样。小小年纪就离家去北京闯荡,漂泊数年,当他回到父母亲身边时,已经是一个成熟的、才华横溢的电视人。更难得的是,与同年龄段的独生子女相比,他显然有更高的情商,有担当、有责任心,孝敬父母,懂得感恩。而在事业上,这位没有进过大学校门的年轻人,已经做到了一家全国著名大企业的中层,他所拍的广告片在纽约时代广场的大屏幕上滚动播出,他写的中短篇小说陆续发表,一部长篇小说也已经杀青……

这位朋友当初面对她叛逆不羁、离家出走的儿子,其实也有过焦虑和心慌,他们母子之间也不断地有过冲突和眼泪,但她最终没有选择阻拦,而是选择放手。儿子后来的成功，我以为她内心一定引以为傲，没想到她却对我说："儿子离家出走时不满十八岁，回到我身边时已经是二十七八的成年人。这中间的亲情虽然没有真正断裂，却留下了一大片的空白。那是最好的年华呀！哪个母亲愿意有这样的空白？"

朋友说：她在研究儿童心理学时发现，在今天，许许多多的家长不知道如何与自己的孩子对话，面对他们种种出格的行为，要么是小心翼翼，欲言又止，王顾左右而言他；要么是剑拔弩张，一谈就崩，就像她当年面对儿子，陷入的困境一样。"所以，你一定要把你儿子的那些趣事写出来，因为在这些见证一个孩子成长的趣事中，你和孩子的爸爸没有缺席，也没有站在孩子的对立面，而是守护在他的身边，和他共同面对许多未知的事情。"

我认真考虑了朋友的话，觉得她说的不无道理。

糗事和趣事虽然只有一字之差，却考验并矫正着父母看待孩子的目光和心态。

假如我和儿子之间发生的那些故事，能给和我们一样的家长与孩子们一些启迪，找到一些能引起思考和共鸣的地方，那我会很开心。

儿子知道我要写他的故事后，并没有反对，只是坚持不能用他的真名，也不能刊登任何一张他的照片。

我明白，儿子是想如一张白纸般地走向他未来的人生，他不愿意我写下的文字给他今后的生活带来干扰。

于是，我用"蒜头"取代了他的真名，当然，啦啦和老咪的名字也是虚拟的。我给这部书稿取名为《蒜头的世界》，因为蒜头的内心和思维都很辽阔，完全超出我们大人对他的想象，已经形成了他自己的世界，这个世界是独立于我们而存在的。

儿子看完我写的初稿后,欣然写下了三篇文字,虽然都不长,却表达了他真实的内心,让我了解了自己原来不曾了解的,他一直对我藏匿的某些东西。

我想,今天儿子愿意把藏匿已久的心里话说出来,是否证明他认可了我写下的关于他的故事?

我把这三篇文字附在书中,读者对照着看或许会更有意思。

鉴于文中发生的故事基本都是真实的,虽然人物用了虚构的名字,我还是将它定位于纪实文学。

另外,我还专门请了一位学日语专业却从小喜欢漫画的女大学生为本书配画插图。也许,在传统的眼光里,这位女孩学日语却热衷漫画,有点不务正业,但我相信读者看了这位女孩子画的漫画插图后,一定会为她在专业领域以外的才华惊讶!假如这种“不务正业”,倒能让一位潜在的漫画家崭露头角,这又有什么不好呢?

Part 01

蒜头与小动物

在与动物的相处中，孩子其实可以学到很多东西，可以认识到一种责任感和一份平等的尊重。而懂得了尊重和责任的意义，内心就拥有了善良。善良，能让这个世界变得更加柔软和美好！

part 01

宠物癖

蒜头从小随他爸，有天生的宠物癖。从他两三岁开始就养过一系列让啦啦浑身起鸡皮疙瘩的宠物：蛇、蜥蜴、癞蛤蟆、荷兰猪、小白鼠、寄居蟹……

啦啦觉得儿子的审美有问题，但她相信通过自己的引导和教育，改变一个三岁娃娃的审美观，应该不成问题。

她先是买了一个玻璃鱼缸，几尾色彩鲜艳的热带鱼，又配上碧绿的水草，兴致勃勃地抱回家，放到儿子面前。

啦啦以为儿子一定会高兴得大喊大叫："妈妈亲亲宝宝小屁屁！"这是平时蒜头要求得到满足时，对啦啦的最高奖赏。

可是这回啦啦失算了。蒜头居然对漂亮的玻璃鱼缸和色彩斑斓的热带鱼无动于衷，而正全神贯注地把啦啦前一天刚买的一篓鸡蛋喀嚓喀嚓往养蛇的大玻璃缸里砸，嘴里还嘟嘟囔囔："蛇吃蛋，蒜头拌，一个蛋，半瓣蒜……"小家伙不仅自己脸上、手上、胸前一片柠黄，且把啦啦刚打过蜡的地板弄得唏里哗啦，一片狼藉。

啦啦不知道自己该不该生气，该怎样生气，看着蒜头和蛇水乳交融的样子，她只好忍气吞声地把备受冷落的热带鱼搁置一旁。

第二次啦啦给儿子抱回家的是一盆盆奇花异草，有红黄杂交毛茸茸的仙人球、白紫相间水灵灵的蝴蝶兰、蓝黄互映嫩生生的三色堇……这样一幅红黄蓝白汇成的美丽图画，啦啦相信一定能抓住蒜头的眼球。

蒜头的眼球倒是抓住了，可小家伙接下来的创意让啦啦大跌眼镜。

蒜头胖嘟嘟的小手飞快地摘下一朵朵花儿，用小刀切碎，一边撒进小白鼠和荷兰猪的笼子里，一边哼哼叽叽："花花喂老鼠，花花喂猪猪。"

目瞪口呆的啦啦虽然心疼自己花了不菲的价格买来的盆景还没被观赏就惨遭蹂躏，她挥手想扇蒜头一个耳刮子，但手举过头顶时却又悄然落下，她对自己说："听听，蒜头唱得多好，还押韵呐。"

几个回合下来，啦啦没能改变儿子的审美观，儿子审丑的癖好倒慢慢影响了啦啦。

蒜头把蛇蜕下的皮晾干，装在镜框里挂起来，然后问啦啦："妈妈，你看它像一条小白龙吗？"

这时候，蒜头在啦啦眼里简直就是一位天才艺术家。

然而，随着蒜头逐渐长大，他的宠物癖也在逐步升级，那些蛇啊、蜥蜴啊、荷兰猪、小白鼠之类的玩意儿显然已经不能满足蒜头的情感寄托了，他向啦啦提出要养一只小猫或小狗。

这回啦啦坚决地、断然地拒绝了蒜头的请求。啦啦从小就害怕猫啊狗啊这样的活口，加上她的洁癖，哪能容忍自己干干净净的家里猫毛狗毛乱飞，猫尿狗屎乱拉。

猫粮

蒜头见求啦啦没用,转而向爸爸撒娇。

其实爸爸老咪骨子里和蒜头根本就是一个德行,恨不得家里养鱼养鸟养猫养狗办成动物园才好。以前碍于啦啦的洁癖一直没敢开口,这回有儿子蒜头提议,老咪是正中下怀,求之不得,扬眉吐气。

还没等啦啦回过味醒过神,老咪携儿子已经怀抱一只颜色松黄的小猫回到家中。

这种先斩后奏的行为若是发生在老咪身上,啦啦是绝对不能容忍的,哪儿抱来送哪儿去,肯定是啦啦的应付对策。可这回偏偏是儿子和他老爸联手,啦啦不得不三思而行。

“蒜头,给小猫起名字了吗?”啦啦的声音十分温柔。

心里发虚,原准备为小猫和老妈决一死战的蒜头听到啦啦的问话大感意外,他一下子扑到啦啦身上,搂着啦啦的脖子说:“起了,叫小美。”

“是女孩吗?”

“是。”蒜头心里显然还是有些不踏实,他看着啦啦的眼睛问,“妈妈爱小美吗?”

啦啦不愿意对蒜头撒谎,她想了一想说:“妈妈爱蒜头,蒜头爱小美,所以妈妈接受小美。”

这回是蒜头响亮地亲了啦啦一下:“蒜头爱小美,蒜头更爱妈妈。”

啦啦听了这话对蒜头一时心软,收留了小美,导致的直接后果是,家里从此永无宁日。

首先,小美是个长毛品种,只要两天不洗澡,长毛里就藏污纳垢,毛发打结。于是,猫浴盆、猫浴液、猫梳子、猫浴巾,一大堆猫浴用品占据了厕所本来就不大的空间。啦啦的洗面奶、洗头液、沐浴露,反被挤到一角。人猫同厕的待遇,让本来视早晚各一次沐浴为享受的啦啦,几乎割舍了这一爱好。

第二,不知是小美天生发育不良,还是凡猫皆如此,小美掉毛就跟蒜头小时候吃饭掉饭渣子似的,走哪掉哪。家里原本光洁可人的地板、家具、电器,哪儿都可随手撸下一层毛来。啦啦心里那个腻味,只能是打落牙齿往肚子里咽。

第三,小美的待遇本来就高,猫粮、猫砂、猫罐头、猫浴用品,一个月下来好几百,连啦啦每月的化妆品费用也不能这么奢侈。可蒜头还嫌不够,整天嚷嚷"人猫平等"、"猫道主义",吃饭时,非得人猫同桌,有鲜鱼火腿肠之类的美食时,小美必得先尝。最让啦啦忍无可忍的是,蒜头放学回家,本来进门第一句话肯定是:"妈妈,我回来了!"现在一进家门却是直奔小美而去,第一句话换成:"小美,我回来了!"

啦啦的失落是显而易见的,她心里明白,随着蒜头年龄的增长,他那小小的胸怀里开始涌进越来越多的东西,他对这个大千世界的渴望和需求也越来越有自己的主张,他对母亲的依恋和依赖正在渐行渐远。

对这样的事实你不可能抗拒和违拗,你唯一的出路就是蹲下身子,了解并且尽可能地去理解儿子的心中所想,脑中所思,把自己放在儿子朋友的位置上,否则你和儿子的距离将会越来越远。

就在啦啦努力试图和儿子做朋友,尽量和小美和平共处时,没想到蒜头又变本加厉地提出了新的要求。

"妈妈,你不觉得小美太孤独了吗?我去上学的时候,小美和谁玩呢?"

啦啦一下子还没有洞察到蒜头的真实用心,随口答道:

"是呀,她要是有个伴就好了。"

“妈妈你真是善解人意。我就说妈妈是天底下最慈爱的妈妈么！”

当啦啦回过味来时，她已经跌进了蒜头的圈套，没有退路了。

蒜头领进家门的第二只猫叫小福，这是一只全身漆黑，两眼莹绿的公猫。啦啦看着那一双绿眼，心里暗暗发毛，她凭直觉意识到自己犯了一个不可饶恕的错误。这只强悍的黑猫与性情温顺的小美不同，假如说小美让这个家永无宁日的话，那么小福很可能会将这个家陷入水深火热之中。

为了不使自己和蒜头站到对立面的位置上，啦啦对小福的不宣而至没有公开表示不满，而是平心静气地和蒜头约法三章：

1. 鉴于家中三居室的卫生需要，小福和小美的固定居所为阳台，平时通阳台的门窗不得随意打开，以保证室内清洁；

2. 人猫不得同桌，若需要给小美和小福改善伙食时，蒜头可以提前一天向妈妈申请鲜鱼和火腿肠，妈妈酌情给予考虑；

3. 蒜头和小福、小美亲热过后，必须用舒肤佳香皂洗手两遍，消毒液擦手一遍，方能吃饭或者睡觉。

没想到啦啦的约法三章实施不过三天，家里就爆发了一场人猫大战。

黑猫小福绝对不是等闲之辈，它根本不肯屈居凉台一角。它先是对紧闭的门窗发动进攻，尖利的猫爪在窗框门框上留下了深深的抓痕。见门窗纹丝不动，它又对凉台上的一排纱窗又扑又咬，它的尖爪紧紧扣住纱窗网眼，扬臂蹬腿，俨然是一个沙场斗士。

啦啦和蒜头看得目瞪口呆，不知如何是好。

老咪说：“打开门窗，放它们进来。动物也是有尊严的，小福是不允许谁像关囚犯一样将它关在凉台上的。”

蒜头一听觉得爸爸说得有理，没等啦啦阻止，就将房间门窗洞开。

小福似飞箭一般从窗口射进来，越过啦啦和老咪的大床，叼起一只啦啦新买的羊皮凉鞋，啦啦心疼得尖叫起来。老咪勇敢地冲上去猫口夺鞋，被小福咬了一口。

此时蒜头为了不让小福有被囚禁的感觉，已将凉台上的窗门全部打开。在屋里乱窜乱跳的小福显然已经急红了眼，它那双莹绿的眼睛狠狠地瞪了啦啦一眼，又飞跃过大屋，冲上凉台的窗户，然后纵身跳下。

“完了！12层高跳下去，不死也残。”啦啦没想到小福性子那么刚烈。

蒜头看到小福跳下窗户，急得双脚乱跳，眼里一下子噙满泪水。

“妈妈，对于小福的跳楼自杀你是要负责任的。”蒜头居然说出“自杀”二字，啦啦有点不寒而栗。

啦啦和蒜头还有老咪不约而同地冲到凉台的窗口往下看，奇怪的是楼底下并没有小福的影子。

“没尸体说明小福还活着。”蒜头一边大叫一边拉着老爸去找小福，压根儿就不理啦啦。

为了儿子的快乐自觉已做出巨大让步的啦啦虽然并没有感到自己做错什么，但小福的跳楼，还是让啦啦心里很不是滋味儿。她知道自己的约法三章不仅赶走了小福，也伤害了蒜头，如果小福真的有个三长两短，那么蒜头是不会原谅妈妈了。

啦啦左思右想，心神不宁地走到电脑桌前，开始打字：

寻猫启事

今有家猫一只，名小福。黑色，绿眼，有见到或拾得者请通知

1208 室，重谢。

啦啦将“寻猫启事”打印数张，分贴在电梯、楼道、小区围墙和传达室门口，她希望蒜头看到后能原谅妈妈。

小福最终还是没有找到，看到“寻猫启事”的蒜头虽然不再生妈妈的气，但他抱着小美时一副郁闷的样子，让啦啦心里总有几分内疚。

让啦啦和蒜头都没有想到的是，小福失踪两个多月后，清秀的小美变得大腹便便，行动也渐渐迟缓起来。

爸爸老咪颇有经验，他笑眯眯地宣布：“小美怀孕了。”

蒜头得知小美怀孕的消息后，郁闷的阴云从脸上一扫而光。

蒜头开心了，家里的气氛也开始多云转晴。

啦啦没想到倔强的小福却是个多情的种子，只和小美呆了三天，就让小美做了准妈妈。啦啦虽然对小美将生下一窝小猫的前景忧心忡忡，但她还是对孕妇小美增加营养的问题尽心尽职。

在共同等待小美生产的日子里，啦啦觉得自己和蒜头就像一对亲密的朋友，这样的感觉是啦啦一直追求的境界。由于爱儿子，她对小美也产生了一种别样的感情。

当小美终于生下一窝五只小猫时，愁肠百结的啦啦望着欢天喜地的儿子，问：“蒜头，以后怎么办呢？咱们这个家不可能养六只猫吧？”

敏感的蒜头看着啦啦说：“妈妈，我没断奶的时候，你会把我送走吗？”

“当然不会。”

“那么，小美的孩子没断奶，你也别把它们送走好吗？”

“当然不送走。”啦啦搂着儿子亲了一口，她听懂了儿子的潜台词，心里为儿子的懂事感到欣慰。

两个月后，蒜头将断了奶的小猫分送给自己的同学，他给五只小猫分别取名为：小松、小花、小白、小亭、拐拐。

当拐拐在蒜头怀里磨磨蹭蹭，显得难舍难分时，啦啦摸着儿子的脑袋说："蒜头，要不，把拐拐留下吧，一个孩子都不给小美留下，她这个当妈妈的会伤心死的。"

蒜头没有说话，只是把啦啦的手放在拐拐的身上，一股柔软的暖流从拐拐身上传递到啦啦心里。

啦啦的
快乐教育心得

随着孩子年龄的增长，他对这个大千世界的渴望和需求也越来越有自己的主张，而他对父母的依恋和依赖正在渐行渐远。

当孩子的癖好与父母对他的期许相左时，父母应该让步。与其一味阻拦孩子，不如去了解孩子的心愿。

part 01

守株待兔

蒜头和所有的独生子女一样，因为没有兄弟姐妹，他很孤独。

这种孤独，大人们是不知道的。

因为是唯一，所以蒜头是爸爸妈妈、爷爷奶奶、外公外婆掌心里的宝，而盯着这块宝的一双双眼睛，却没有一双能看穿蒜头心里的秘密；也没有一个人会想到，蒜头没有小伙伴，没有人和他玩，他常常不开心。

蒜头家的小区门口有一条河，河边总有人坐在那里钓鱼。蒜头也想去钓鱼，可他的手太小了，根本举不起长长的鱼竿。

蒜头知道啦啦是不会允许他去小河边的，因为她常给蒜头讲小孩子掉进河里淹死的故事。他把想去小河边钓鱼的心事透露给了爸爸老咪。

老咪是个玩家，本身就喜欢钓鱼，他在实体店和网上置办的钓鱼器具那叫一个全乎，有海钓的、河钓的、网捞的，但没有一样适合蒜头这个年龄段的小娃娃。

老咪看着蒜头失望的眼神，决心自己给蒜头制作一个箱鱼的工具。他找出一个快吃完的装麻酱的瓶子，洗涮干净，又找出细细的尼龙绳，一头在瓶口上打下死结；一头将长长的尼龙绳缠绕在一块木板上。

老咪教蒜头，这不是钓鱼，也不是捞鱼，这叫“守株待兔”。

蒜头问：“什么叫守株待兔？”

老咪带着蒜头，避开啦啦的视线，两人悄悄地来到小河边。

“儿子，看着爸爸怎么玩哦！”

蒜头目不转睛地盯着老咪和他手里的瓶子。只见老咪像变戏法似的，掏出一块面包，掰了一块，揉碎，放到瓶子里。

蒜头还没有看清楚怎么回事，只听“扑通”一声，老咪手里的瓶子已经划出一道抛物线落入水中。尼龙绳缠绕的那块木板在老咪手里飞快地滚动，只剩下两圈时，老咪拽紧了系着绳头的木板。

蒜头刚想问爸爸这是干什么，只见老咪把食指放到嘴唇上，“嘘——”的一声，蒜头赶紧噤声。

七八分钟以后，蒜头看见河面上咕嘟咕嘟冒起几个小泡，尼龙绳开始轻轻地晃动。

老咪轻轻地、小心翼翼地拉动尼龙绳，一寸一寸地将瓶子拉向自己。

瓶子呼啦一下浮出水面，蒜头“哇！”地一声叫起来！透明的玻璃瓶里盛满了清澈的河水，几尾黑色的小鱼在里面欢快地游动。

“爸爸你真棒！”蒜头跑跳着要从老咪手里夺过瓶子，没想到老咪“扑通”一声又把瓶子扔回河中。

“儿子，知道什么叫守株待兔了吗？你只要耐心等着，什么都不用做，等着鱼儿自己钻进瓶子里去就行了。”

“爸爸，那应该叫守河待鱼呀！你为什么说守株待兔呢？”

“傻儿子，这是一个成语呀！行，你可以叫守河待鱼，小人精，都能修改成语了。”

老咪将手中缠着尼龙绳头的木板交给蒜头，说："儿子，来，你自己试一把。"

蒜头接过小木板，盯着水面，想着自己这一瓶也许会钻进十几条小鱼。

水面很平静，几分钟过去，没有丝毫动静，河面上也没有冒出水泡。

蒜头沉不住气了，拽住尼龙绳的小手有点发抖，身子一点一点向河沿挪近。

还没等老咪回过神来，只听"扑通"一声巨响，河面上溅起很高的水花。

"小孩掉河里啦！""有人落水啦！"旁边钓鱼的人纷纷叫起来。

老咪左右一看，蒜头没人影了，再朝河里一看，吓出一身冷汗。

蒜头的小脑袋半截已经没在水里，两只小手乱抓，正一上一下挣扎呢！

老咪赶紧蹬掉鞋子，飞身一跃，跳进河里救蒜头。

河边的人有的递竹竿，有的甩绳子，一拥而上给老咪帮忙。

河边钓鱼的大多是小区里的居民，彼此都认识，早有人飞奔回去给啦啦报信。

等啦啦一脸惊恐地奔到河边时，老咪已经抱着浑身湿透的蒜头爬上岸了。

到底有惊无险，且天气也不是太凉，但蒜头还是在老咪怀里一个劲儿地打喷嚏。

啦啦狠狠地瞪了老咪一眼，抱起儿子，扭头就走。

蒜头看着啦啦铁青的脸色，知道这回祸闯大了。他缩在啦啦怀里，一直给爸爸求情："妈妈，你别怪爸爸，是我自己不小心。"

啦啦心有余悸，自然不肯原谅老咪。她对蒜头是又气又疼，喝道："闭嘴！"

蒜头哪肯闭嘴，又说："是我想守河待鱼的，爸爸其实是想守株待兔的，若是我听他的，守株待兔，找一棵大树底下呆着，等兔子来，那就不会掉到河里去了。"

啦啦看蒜头浑身湿透索索发抖还在为爸爸开脱，又好气又好笑，戳着他的鼻子说："下次只能守株待兔，绝对不可以守河待鱼了，听见没有？"

其实，蒜头掉进河里，老咪想起来也感到后怕。

每年夏天，这条小河里都有孩子溺亡，爹妈哭天抹泪的，老咪不是没见过。

这回带蒜头去小河边箈鱼，实在是想让蒜头开心，没想到一不留神，差点酿成大祸。还好蒜头落水的地方水不太深，否则，后果不堪设想。

所以，对啦啦发出的"蒜头十岁以前不能再去小河边捞鱼"的指令，老咪是心甘情愿地执行。

然而，蒜头孤独的问题怎么解决呢？他总不开心怎么办呢？总得给儿子找个可以一起玩的伴啊！本来是想让河里的小鱼儿给蒜头作伴的，这么一闹腾，河边不能去，只能另想它辙了。

几天以后，老咪给蒜头买回来两只小兔子：一只白色的，一只灰色的。

小兔子进门时，四只红红的眼睛一动不动地盯着蒜头，蒜头一下子就喜欢上它们了。

他给白色的兔子取名小白，灰色的兔子取名小灰，并认准小灰是哥哥，小白是妹妹。

其实，蒜头心里一直想有一个妹妹，他甚至给妹妹连名字都起好了，叫"葱儿"。自已叫蒜头，妹妹当然得叫"葱儿"喽！

自从蒜头有了小灰和小白，他不再孤单了，他有了很多可以忙乎的事情。

啦啦去菜场买菜的时候，蒜头像小跟屁虫似的跟在后面捡菜叶，他喜欢捡圆白菜的叶子，干燥、厚实，小兔子最爱吃了；不像青菜叶，小兔子吃多了容易拉稀。

啦啦说："老吃圆白菜小兔子该腻了，兔子爱吃胡萝卜，妈妈给你买几根吧？"

蒜头就会给啦啦一个带响的亲吻："宝宝爱妈妈！"

没想到，小灰和小白长得很快，而且，果然是哥哥妹妹。

哥哥妹妹一长大，不跟蒜头打招呼，自说自话就结婚了，而且很快就生了一窝八只小兔子。

小灰、小白，加八个孩子，十只兔子，屋里的味儿就大了。

啦啦是个特别爱干净的人，对着十个兔宝宝，心里想，这可怎么是好？十个兔子的屎球球，每天扫拢来黑乎乎的一大堆，虽然老咪为了儿子的快乐，每天早晚两次自告奋勇地去倒兔屎，可这也抵挡不住十个活口散布在两室一厅狭小的空间里，驱之不散的骚味儿啊！

老咪和蒜头断定啦啦总有忍受不了的一天，他们一边在等待，一边在积极寻找可以转移替代的空间。

终于有一天，蒜头发现了可以让十个兔宝宝拓展生活空间的地方。

蒜头家住在塔楼顶层，家里的客厅很小，如果刨去根本不能派用场的过道，大约只有五六平方米，搭一张餐桌，摆几张椅子，加上两口顶天立地的书柜，厅里几乎没有任何多余的空间。

可是，客厅有一扇小小的窗户，推开窗户，外面就是一个大大的露台，少

说也有二三十平米。窗台不高，搭个小凳子就可以跨上窗台，一跃出去，宽阔舒畅，那可是别有洞天。

以前，只有啦啦在露台上晾晒被子，老咪偶尔心血来潮在露台上放过几次风筝。但因为露台上没有围栏，出于安全的考虑，为防止蒜头上露台，老咪和啦啦始终将这扇窗户拉着厚厚的窗帘。

看来，蒜头这小子为了小白小灰和它们的孩子，真是费尽了心机，动足了脑筋，他终于发现了，不，应该说是想到了这块巨大的露台。

老咪和啦啦面面相觑，守河待鱼的惊吓历历在目，这高空露台的危险可比小区门口的小河厉害多了！

啦啦断然拒绝将十个兔宝宝转移到露台上，她根本不相信蒜头信誓旦旦保证不上露台的诺言。长时间的相伴厮守，兔宝宝显然已经成为蒜头生命中的一部分，他怎么可能让一扇小小的窗户挡住自己和它们的亲近？

老咪心情很矛盾，他自己从小就喜欢养各种动物，知道看着自己精心喂养的小动物一天天长大是怎么样不可分割的感情。

小灰和小白是蒜头亲自喂养大的，又看着它们当上了爸爸妈妈，生下一窝可爱的兔宝宝。若是将它们转移到露台，确实很难保证蒜头能克制自己不上露台。

本来把小灰小白带回这个家就是给蒜头做伴的，若将兔子转移到露台，又不让蒜头上露台，兔子怎么和蒜头亲密呢？而兔子若不转移到露台，屋里的气味越来越大，接下来势必得把它们送走，而真把它们送走了，蒜头不是又回到从前那种孤单的境地了吗？

蒜头绝对是个人精，他清楚地知道，出了河边落水的事情以后，事关自己安全的问题，啦啦这头肯定是没商量的；而老咪因为河边失误，在这件事情上基本也失去了话语权。要想既留住兔宝宝，又让啦啦安心，还得找出让啦啦放心，能认可的办法。

蒜头小脑瓜转啊转啊，突然想起小区里好多人家为了防盗，几乎都给能攀爬的窗户安装了铁栅防盗窗，咱们是否也可以借鉴一下，将这扇通往露台的窗户也装上这样的铁栅防盗窗？但要改造一下，设计一个活动门，方便爸爸老咪出入，给兔宝宝喂食。

为了让想起守河待鱼事件就惊魂未定的啦啦放心，蒜头提出可以给活动门配锁，活动门的钥匙归啦啦保管。老咪给兔子喂食时，须得向啦啦申领钥匙，以防老咪趁啦啦不在时，一冲动，擅自给蒜头开门。

蒜头把话说到这个份上，啦啦觉得自己若再反对，似乎有点不近人情。加之她看出蒜头和兔子们在一起时，真的很快乐，还有什么比让孩子快乐更重要的呢？

兔子们搬到露台上的那天，天空飘起了鹅毛大雪，露台上很快就一片雪白，像铺上了一床厚厚的羊绒毯。

蒜头趴在窗台上看着兔子在雪地上跑来跑去，雪地上留下了一串串像花儿一样的脚印。

老咪在雪地里给兔子们搭建了一个小木屋，木屋里铺上了厚厚的稻草。

露台中间有一个四方形的通风口，为了防止兔子们不小心从这里掉下去，细心的蒜头又让老咪给通风口加上了铁丝网。

接下来的日子里，通往露台的窗口成了蒜头和兔子们约会的地方。只要蒜头吹响口哨，兔子们就像听到号令一样，从各个角落里钻出来，飞快地聚集到窗口，一只只立起身子，一颗颗红玛瑙似的眼珠子滴溜溜地看着蒜头转。

蒜头会从窗口的铁栅栏往外面给兔子们扔吃的：苹果、香蕉、红萝卜、圆白菜……

冬天过去了，白雪融化了，春姑娘裹着暖暖的春风吹拂起漫天绿色时，蒜头心里想着，是不是可以带兔子们到楼下院子里去放放风了。

就在蒜头和老咪商量，怎么带兔子去外面玩儿，让它们也感受一下春暖花开的快乐时，意想不到的新危机又发生了。

那天正好是星期天，啦啦、老咪、蒜头都在家。小区居委会主任单大妈敲开啦啦家的门，后面还跟着七八个看着面熟，但叫不出名儿的邻居。

单大妈开门见山，说："你们是不是在露台上养动物啦？楼里的居民有反映，说顶楼的通风口不断有骚味儿往下窜，可难闻了。"

啦啦说："单大妈，我们家蒜头是养了几只兔子，但我们打扫很勤的，怎么会有骚味儿往下窜呢？"

老咪有点紧张，原以为兔子们终于可以快快乐乐地在露台上生活，蒜头有了开心的玩伴。可看今天单大妈和背后那一干人这架势，来者不善哪！

老咪知道大妈们抽烟，赶紧掏出兜里的中华牌香烟，一支支递给大家，两手作揖，说："小儿一个孩子闷得慌，给他买了几只兔子玩玩。若是给大家添麻烦了，海涵，海涵！"

其实谁家都有孩子，大多也是独生子女，大家都能理解老咪和啦啦的心情，谁也没想难为他们。

只是天开始热起来了，原本埋藏在雪地里的骚味儿，一下子就在春天里冒出来了。小区的公共环境要靠每一家住户自觉维护的呀!

单大妈和邻居们要求到露台上看看,这是个合情合理的请求,啦啦和老咪无法拒绝。

蒜头虽然心里害怕小兔子们见到这么多人会受惊吓,但他看出爸爸妈妈还是想保护小兔子的。他只好紧张地跟在单大妈和众邻居的身后,心里默默为兔子们祈祷。

问题很快就弄清楚了。兔子其实和其他动物一样,都是有灵性的,它们也许不愿意让屎尿污染自己的生活环境,而把露台上那个四方形的通风口当作了它们的厕所。显然,它们方便时都爬上了通风口的那张铁丝网,而屎啊尿啊都从铁丝网的洞眼里落到通风口里去了。

单大妈和邻居们指着已经被一层黑乎乎的兔子屎堵住了的通风口,问老咪啦啦准备怎么办?

像被抓了一个现行,啦啦和老咪闻着通风口涌出来的阵阵骚味,很是尴尬。他们当然明白环境污染对人体可能带来的危害,他们再想让蒜头快乐,也不能以污染公共环境作为代价。

啦啦马上表态:“立刻清理通风口,兔子马上送走。”

老咪虽然不是很愿意,但他也明白,通风口的堵塞已经触犯众怒,除了按啦啦说的做,没有更好的平息众怒的办法。

蒜头在一旁看得明明白白,他知道小灰小白和自己的缘分大限已到,眼泪扑簌簌地往下掉。

送走单大妈和邻居们,老咪立马开始清理通风口,吸尘器整整吸出了七八簸箕兔子屎,一直吸到吸尘器蛇皮管爆裂,发动机罢工。

啦啦则往里喷洒了半天84消毒液，最后又拿来自己卧室里那瓶带薰衣草香味的空气净化喷雾剂，整整一瓶都喷在通风口里。

蒜头知道送走兔子们势在必行，任何挽回的可能已经不存在了。他伤心地问老咪和啦啦，准备把兔子送到哪里去？

老咪心里不痛快，赌气说："还能送哪里去？养那么肥了，宰了吃呗！"

啦啦看着蒜头一脸可怜兮兮的表情，心里也有些不忍. 她瞪了老咪一眼，说："你就别往儿子伤口上撒盐了。"

又问蒜头："送到舅爷爷那里去好不好？舅爷爷家住平房，地方比较开阔，或许能给兔子们找个安身之处。"

蒜头虽然不愿意，但他明白，眼下，这也许是安置小灰小白和它们的孩子们最好的去处了。

小灰小白和它们的儿女们被送走的那天，天空突然刮起了大风，漫天的风沙夹杂着绵密的柳絮让天地变得很混沌。几步开外的景物、人影，都变得恍恍惚惚，鬼影憧憧。

蒜头突然想起奶奶给他讲过的《十只兔子的故事》，那个故事很恐怖，里面隐藏着一个借刀杀兔的阴谋。蒜头还记得故事里有一首童谣：

大兔子病了，

二兔子瞧，

三兔子买药，

四兔子熬，

五兔子死了，

六兔子抬，

七兔子挖坑，

八兔子埋，

九兔子坐在地上哭起来，

十兔子问它为什么哭？

九兔子说，

五兔子一去不回来！

奶奶说，这个童谣后来演绎出许多不同版本的杀兔故事，每一个都很吓人。

蒜头总是逼着奶奶讲吓人的杀兔故事，而听了后又吓得直往奶奶怀里钻。

现在，蒜头担心地想，自己的这十只兔子若送去一个陌生的地方，别人会像自己一样爱它们吗？它们会不会也遭到劫杀的厄运，被人杀了、炖了、吃了，挖坑活埋了？

蒜头对啦啦和老咪说，他不能把小灰小白和它们的孩子送到舅爷爷那里去，这十只兔子是一家人，是爸爸妈妈和它们自己的孩子，它们是不会互相残杀的。

虽然啦啦和老咪没弄明白蒜头小脑瓜里转的什么筋，但有一点，啦啦和老咪是绝对达成共识的，那就是尊重孩子的意愿。

蒜头想把兔子们放生，送到大森林里去。

于是，老咪自驾，载着啦啦、蒜头和十只兔子，一路狂奔，离开城市，离开人群，一直开到人烟稀少的云蒙山原始森林。

蒜头在林子里奔奔跳跳，他说要给兔子们找一棵善良，让人一看就安心的树妈妈，有树妈妈保护，他才能放心地把小灰小白和它们的孩子留在大森林里。

老咪和啦啦耐心地陪着蒜头一起找，最后蒜头找到了一棵树干苍劲粗壮，树荫像绿色的大屋顶，一看就有几百岁树龄的老槐树。

啦啦说："这是槐树爷爷，不是树妈妈。"

蒜头说："爷爷就爷爷吧，槐树爷爷看上去很慈祥，他一定会保护这些兔子。"

蒜头说完，把小兔子从筐里面放出来，小兔子没有立刻四下跑散，而是围着老槐树转圈。蒜头这下彻底放心了，他觉得这些兔子喜欢老槐树，和老槐树有缘。

临走的时候，蒜头说："小灰、小白，明年春天我会到这里来看你们，我会在老槐树下守株待兔。你们可一定要带着小兔子们来找我噢！"

啦啦的
快乐教育心得

虽然有时候父母不一定明白孩子小脑瓜里转的什么筋，但有一点，父母需要达成共识，那就是尊重孩子的意愿。

part 01

康康和卓玛

云南西双版纳的原始森林在蒜头梦中出现无数次了。

那里有铜墙铁壁般岿然不动的大象，有脖子可以当滑竿的长颈鹿，有尾巴开屏如扇、闪着荧光的孔雀，有眼睛像熊猫一样戴着黑框眼镜的金丝猴……

啦啦前不久做了一本《滇西北风情录》的图书，让人们心目中圣洁的香格里拉，在撩开神秘面纱之前的纯净、美丽、静谧、悠然，从遥远的雪山深处一下子跳到纸上。图片惊艳，文字凄美，把这个曾经无可替代的绝世圣地在旅游者蜂拥而至后的惊慌、痛楚、伤感、无奈，展现得让人怆然涕下，在图书市场引起不小的震动。

出版社老总是个彻头彻尾的驴友，同时又是一个环保主义者，对啦啦做的这个选题大加赞赏，希望啦啦再接再厉，做一套大型环保系列丛书。

总编的意思是先横扫云南的山山水水，第二本就做《西双版纳风情录》。

啦啦接受任务准备赴西双版纳采风时，正逢蒜头放暑假，便问蒜头愿不愿意和妈妈一起去西双版纳玩。

蒜头惊喜得一跃老高，搂住妈妈的脖子大喊：“宝宝爱妈妈！”

啦啦出差带着蒜头也不是一次两次了，从未见蒜头如此兴奋过。她也早就听说西双版纳有个原始森林公园，是千山万壑中一块莹光闪闪的绿色翡翠。这回能和蒜头一起去寻觅这块绿色翡翠，啦啦心里其实比蒜头还要兴奋！

蒜头从小喜欢亲近大自然，就是和爸爸老咪钓个猫鱼儿，也必得千山万水地跑到远离喧嚣的郊外无人处。

啦啦说：“老咪，你把蒜头宠坏了，这个世界跑得再远，又有几处蓝天白云？凑合在家门口的小河边钓钓鱼不就完了！总折腾那么远，得花多少汽油费啊？”

老咪和蒜头在这一点上绝不与啦啦妥协，父子俩鬼鬼祟祟挤眉弄眼的默契，其实啦啦每次都能洞穿。只是想想城里哪哪都是雾霾尘埃，蒜头那小肺小肝小心脏到大自然的清新空气里去淘洗淘洗，也不是什么坏事，便也睁眼闭眼，由着爷儿俩去了。

每次蒜头带着青草气和花儿香泥头鬼脸兴高采烈地回来，啦啦就觉得老咪奉行的“只要孩子快乐就好”的宗旨其实是对的。

现在的孩子确实太可怜太憋闷了，家里学校两点一线，除了教室上课，就是家庭作业，许多家长还怕自己孩子“输在起跑线上”，互相攀比着给孩子的业余时间报一大堆兴趣班，从来不问问孩子愿不愿意。

可以说中国的孩子几乎没有快乐童年！

啦啦可不愿意蒜头的童年像一条玻璃缸里的金鱼，游来游去游不出狭小的天地，只是给旁观者欣赏、夸赞，却没有任何人问问小金鱼，它喜不喜欢这样的生活。

啦啦一直想找机会让儿子逃离都市的水泥森林，走进真正的青山绿水中去。

这回的西双版纳之行，也许能够带给蒜头一个新奇美妙的世界呢！

苍翠碧绿的西双版纳果然名不虚传，这里有北回归线以南保存最完好的热带沟谷雨林，品种繁多的热带植物遮天蔽日，龙树板根、独木成林、老茎生花、植物绞杀等等奇观异景随处可见。

啦啦说，这里是一个真正的“植物王国”。

蒜头说：“妈妈，不对，这里应该是一个真正的‘动物王国’。”

啦啦觉得蒜头说得也没错，这里不但有大象、猴子、孔雀、长颈鹿，还有狐狸、蟒蛇、野兔、羚羊、秃鹫、犀牛，还有各种各样叫不出名字的鸟儿，各种各样在动物园里没见过的动物。

在这样一个既是植物王国又是动物王国的天地里，久居城市的那种窒息、憋闷，一下子不翼而飞，啦啦和蒜头都有一种想跳、想跑、想飞起来的冲动！

来之前，啦啦就听说西双版纳有一个美丽的原始森林公园，这个公园是由一个眼光超前、卓有见识的民营企业家，几年前在这里买下一大片森林，投资建设的。

啦啦要找的就是这样的地方，既保护了原有的生态环境，又开发出有时尚现代感的旅游资源，她希望能发现在保护自然环境的基础上开发利用的典范。

当原始森林公园出现在啦啦和蒜头面前时，他们还是被扑面而来一下子沁入心肺的绿怔住了。

走进公园,更觉得阵阵阴凉从头顶落下,从脚心升起。

清新的空气里飘溢出丝丝绿意,火辣辣的太阳完全被浓密巨大的绿荫树冠遮挡在外面,人在荫凉的树冠下,就好像走进开了冷气的绿色长廊和天然氧吧。

这里的宾馆不是城市里常见的高楼大厦,而是一栋栋精巧的,像花儿一样散落在绿荫丛中的小别墅。

啦啦预定的客房坐落在半山上,远远望去,就像童话世界里的一朵彩色蘑菇。

走近看,才发现这是一座小竹楼,屋顶是金黄色的,上面落满了松针树叶,竹楼围墙上,绿色的藤蔓像爬山虎一样缠绕。

蒜头开心地摘下肩头的书包,用力一甩,扔向天空,就开始和啦啦谈判:"妈妈,三天之内你不要和我谈做功课的事情,尤其不要说什么作文,让我痛痛快快地玩三天,好不好?"

"这么美丽的原始森林藏着多少神秘的故事,眼里可以看到多少独一无二的素材,你在这儿写作文还用咬笔头苦思冥想吗?肯定文思泉涌啊!"啦啦觉得蒜头在课堂上憋不出来的作文,正好在风景如画的西双版纳完成。

"我就知道你又要说作文的事,幸亏我提前给你打预防针。你让我玩痛快了,我才写得出来呢!"

"好吧。"啦啦一口答应。

正当啦啦和蒜头说得热闹时,突然,小竹楼身后的大树上飞跃下一个黑色的影子,还没等啦啦看清楚那是什么东西,黑影已经越过竹楼屋顶,向蒜头飞扑过来。

蒜头吓得尖叫一声："救命！"扭头撒腿就跑。

可是蒜头的小胳膊小腿跑得再快，也不如黑衣怪物神速，只见一团黑球一蹦、一滚、一跳，呼啦一下就窜到蒜头身上。

啦啦此刻已经看清楚，这是一只浑身漆黑的长臂猿，头顶有一撮向后生长的毛发，像个大背头，两弯粗大的白眉如同两把大白刷子嵌在它的脑门上。

啦啦想起自己以前在书上看到过，雄性的长臂猿毛色漆黑，雌性的长臂猿毛色棕黄。黑长臂猿贪食淘气，凶顽凌厉，攻击性强。

面前这只长臂猿显然是雄性，黑、强悍、眼露凶光。它那长长的手臂一弯，像钩子一样，一下子就把蒜头细细的脖子钩住了。

蒜头剃了一个小平头，发茬很短，长臂猿毛茸茸的长爪子几次想抓蒜头的头发都抓不住。它开始试图抓蒜头的脸，蒜头左挡右躲，小脸涨得通红。

啦啦在一旁看得心惊肉跳，生怕蒜头嫩白的小脸被长臂猿的毛爪子抓破。她拿起手中的雨伞，用伞柄抡向长臂猿。

"不要打它！妈妈，不要！"蒜头一边喊，一边捡起书包，抡起来抵挡妈妈的伞柄。

啦啦气得大嚷："蒜头，你躲开，让妈妈来对付它，它要伤害你啊！"

被啦啦的雨伞柄打疼了的黑毛长臂猿显然被激怒了，但奇怪的是，它不朝打它的啦啦发威，而是更凶狠地扑向蒜头，长满黑毛的爪子几乎抓到了蒜头的鼻子。

就在这危急关头，树丛背后突然冒出一个身穿傣服的小姑娘，只见她眼疾手快地将一顶鸭舌小黄帽扣在蒜头的小平头上，嘴里飞出一串长长的好听的口哨。

黑毛长臂猿听到口哨身体抖了一下，转过脸来。

小姑娘张开双臂轻轻呼唤："康康，康康，过来，不要怕！他不是小平头，他是我的朋友，是从北京天安门来的，他不会伤害你。"

被唤作康康的黑色长臂猿听到女孩柔和的声音，就像听到一曲安静的音乐，绷紧的挑战般的神情慢慢松弛下来，箍住蒜头脖子的长臂也垂了下来。

啦啦和蒜头看着这个美丽的傣家小姑娘和凶神恶煞般的长臂猿康康轻轻地说话，瞬间就让角斗士康康变成温顺的小猫咪，都惊呆了。

更让啦啦和蒜头没有想到的是，小姑娘的肩头还蹲着一只小猴子，看上去比蒜头最心爱的猫咪小美还要小，松黄柔软的皮毛贴着小姑娘的脸，滴溜溜的黑眼珠盯着蒜头。

康康似乎有点妒忌小猴，它丢下蒜头，出溜跳上小姑娘的另一只肩膀，长臂环抱两膝，脸贴着小姑娘柔软的头发，安静地蹲着。

看呆了的啦啦突然醒过神来，赶紧掏出相机，咔嚓咔嚓一通狂拍。

多么和谐的人猴图哇！

久处大都市，几乎看不见动物的啦啦和蒜头都被面前这一幅迷人的景象怔住了，醉倒了，说不出话来了。

小姑娘一点儿也不怕生，大大方方地自我介绍："我叫米露，就住在公园旁边的寨子里。长臂猿叫康康，小猴子叫卓玛，我们三个是好朋友。"

"我叫蒜头，是北京小学四年级的学生，来这里过暑假的。"蒜头看着米露肩头安安静静的康康，不解地问，"康康刚才为什么对我那么凶呢？我没招惹它呀！"

"谁让你不戴帽子，还剃个小平头呢！"

“小平头怎么啦？我们北京城里的孩子大部分都剪小平头的呀！”啦啦也觉得很奇怪。

“就是因为城里的孩子对康康不友好呗！每年暑假都有大城市的孩子到原始森林公园来玩，他们大多都剪小平头。康康本来很乖的，可是总有小平头欺负它，用西瓜皮砸它，用脏水泼它。有个小平头特别坏，把尖利的石子儿塞到康康屁股里，把康康的屁股都扎出血了。康康也是一个生命，谁爱它，谁欺负它，它都记在心里的。”

“原来是这样！”

“康康原来有个长臂猿女伴的，叫香香，长一身棕色的毛，可漂亮啦！也是一个小平头，把硬币和纽扣，还有塑料袋扔给它吃。动物其实很善良，它们很相信人的，你扔给它的东西，它就认为是好吃的。结果塑料袋吃下去在肠子里打结了，硬币和纽扣又把肠子都堵住了，香香疼得满地打滚。”

“后来呢？”蒜头着急地问。

“后来公园里请来兽医给香香做手术，打点滴，香香很配合医生的，可是晚了，救不回来了。香香知道自己要死了，它不想死，可它还是死了。”米露眼圈红了。

“香香死的时候一直流眼泪，我知道它舍不得康康，本来它可以和康康一起慢慢变老的，可是它把康康一个人丢在这个世界上了。康康恨小平头，所以要追杀你了。”

听了米露的话，蒜头一下子就原谅康康了，他甚至从心里为那些欺负康康和香香的小平头羞愧，人和动物本来就应该是和谐相处的朋友，为什么要彼此摧残呢？

好一会儿，蒜头才突然想起什么，拉开旅行袋，从里面拿出临走时爸爸老咪给他装上的许多吃的，牛肉干、芝麻酥、蛋卷、雪饼、巧克力、牛乳花生糖……蒜头一会儿递牛肉干给康康，一会儿送巧克力给卓玛，雪饼和花生糖，蒜头全部送给了米露。

啦啦看着这温馨的一幕，心里觉得这应该是《西双版纳风情录》的第一章。

人与自然的和谐，人与动物的和谐，是一桩多么美好的事情。可是在当今这个越来越物质，越来越贪欲的社会，疯狂的人们只知道向自然界索取，对森林、对河流、对蓝天、对大地，一味地掠夺，一味地抢占，大自然不知从何时起开始对人类恐慌，对人类报复的地火其实一直在暗暗地燃烧。

啦啦很后悔自己刚才用伞柄去打康康，她只想到不能让一只长臂猿伤害儿子，却从未想过，康康为什么会如此暴躁凶恶。

倒是蒜头一直在喊：妈妈，不要打它！

啦啦很庆幸自己这回带蒜头出来，无意中让蒜头给自己上了一课，也给自己未来要做的《西双版纳风情录》找到了一个很有现实意义的主题。

想到这里，啦啦忘情地抱住蒜头，大声说：“妈妈爱宝宝！妈妈决定在西双版纳的日子里，蒜头可以丢开书包，不做功课，不写作文！”

蒜头吃惊地看着啦啦，半晌，他欢快地跳起来：“耶！谢谢妈妈！”

米露肩头的康康和卓玛一前一后跳到蒜头身边，蒜头一手搂住康康，一手抱起卓玛，对米露说：“我也想和康康卓玛交朋友，可以吗？”

米露笑眯眯地露出一口白牙，说：“你们已经是朋友啦！”

啦啦的
快乐教育心得

被过多约束的孩子就像玻璃缸里的金鱼，游来游去游不出狭小的天地，只是给旁观者欣赏、夸赞，却没有任何人问问小金鱼，它喜不喜欢这样的生活。

对于孩子，我们做父母的，难道不该给他一个更广阔的天地吗？须知愈自由，愈快乐！

part 01

流浪猫一姐

接到儿子蒜头从学校打来的电话时，啦啦正在云南德钦的藏区采风。

时值晚上九点，应该是晚自习的时间。

蒜头说："妈妈你能不能跟老师说话？"

啦啦问："什么事？"

蒜头叽里咕噜一通说，啦啦脑袋就大了。

事情是这样的：蒜头校园里有几只流浪猫，每到同学们下了晚自习夜深人静时就会窜出来找食吃。

流浪猫找食的方法就是发出凄厉的长叫，黑绰绰的夜里，这叫声特别瘆人。

蒜头是第一个向流浪猫伸出援手的人。他先是将自己每次回学校带的各种食品，诸如火腿肠啦，卤蛋啦，肉松啦，悉数贡献给猫们，到后来周末回家，索性要啦啦给他炖一大锅牛肉带上。

啦啦想，儿子正是窜个长身体的时候，对肉的需求量大很正常。于是每次都要给儿子炖十斤牛肉带上，不是还有同学的么，这个岁数的孩子都馋。

可是，周末儿子小脸蜡黄地回到家里，啦啦觉得不对了，审问之下，才知道牛肉和各类食品全部进了流浪猫的肚子。

啦啦不干了，这可不是做好人好事，这是往无底洞里砸钱哪！

还没等啦啦想出对付流浪猫的方法，计划中的云南德钦金丝猴之旅就出发了。

来不及对未谋面的流浪猫有所动作的啦啦，只好带着忐忑和不安先行上路，准备回来后再想招修理儿子出格的善举。

没想到修理的招还没想好，流浪猫就出事了。

凶手是谁无从查寻，但凶手的残忍确实令人发指。

在儿子的描述下，啦啦也觉得毛骨悚然——流浪猫中最漂亮的大白猫是一只绿眼长毛，颇有贵妇相的母猫，也是蒜头最疼爱，并叫她“一姐”的猫皇后。现在“一姐”被无名凶手用细铁丝勒紧四肢，皮肉溃烂，血迹斑斑。最可怕的是，嵌进四肢皮肉的铁丝早就生锈，伤口严重感染的大白猫已经奄奄一息。

蒜头在电话里的声音明显已带着哭腔：“妈妈，一姐快要死了！”

“你想怎么办？”

“我要带一姐去医院看病，而且得马上去看急诊。老师不同意，说学校离医院远，晚上出去不安全。可白天上午下午都要上课，也不能去，怎么办呀？一姐再不去医院肯定没救了！”

“好吧，你把老师的电话发到我手机上，妈妈和老师商量一下。”

啦啦刚挂电话，儿子短信就发过来了。

啦啦看着长长一串电话号码发呆，她想起了另外一只流浪猫小福飞身跳楼的情景，也想起了蒜头流着泪恶狠狠地对自己说：“妈妈，对于小福的跳楼自杀，你是要负责任的！”

啦啦知道流浪猫这件事情不能掉以轻心，处理不好，儿子又会和自己产生新的隔阂。

五分钟以后，啦啦拨通了蒜头班主任的电话。

“是胡老师吗？我是蒜头的妈妈。”

“蒜头妈妈，你好！有什么事情吗？”

“噢，是这样，蒜头刚才给我来电话，说你们校园里有一只流浪猫被人残害了，伤得很重，可能会死。蒜头想带猫去医院看医生。我知道学校有纪律，晚上不能随便离开学校。蒜头也知道，所以他要我给老师您打电话。胡老师，蒜头从小就喜欢小动物，从小就很有爱心，您看能不能……”

“蒜头妈妈，我知道这件事情，蒜头已经找过我了。蒜头确实是个有爱心的好孩子，他对流浪猫那么好，我也很感动。可是学校有纪律，我也不能随便开口子晚上放学生出门，万一安全出了问题谁来负责？”

“能不能派几个孩子一起去？互相有个照应。”

“这更不可能了。自己要求出去的出了事儿我们都负不起责，若是学校安排的，万一有个三长两短，算谁的？”

啦啦知道老师说的是对的，换成她也一定会这么处理问题。但她还是担心蒜头达不到目的，会伤心之下做出什么偏激行为，只好再软声细语求老师：

“那老师你能不能再做做蒜头的思想工作，这孩子还是懂道理的，我也会给他再打电话，看能不能想想其他办法。”

“好吧。蒜头妈妈，谢谢你能配合学校的工作。”

虽然胡老师很客气，但商量余地是一点也没有。啦啦远在云南德钦高原，插翅也难一下子飞到蒜头身边，想来想去只好给蒜头打电话，让他向爸爸老咪求救。

啦啦给蒜头出主意，今天晚上是肯定没戏了，明天白天让爸爸请个假，来学校一趟，接一姐去医院。

蒜头接到啦啦电话，知道妈妈已经尽了最大努力，虽然还是哼哼唧唧一姐长一姐短地抱着电话不放，但他也明白这是救一姐唯一可行的办法。

老咪接到蒜头的电话无异于接到圣旨，立马丢下手头的工作，飞车赶往学校。

蒜头早已抱着奄奄一息的一姐等候在学校的大铁门边，看到爸爸那辆宝蓝色的汽车停在校门口，激动得大喊大叫："爸爸，爸爸！"

老咪像抱闺女一样从蒜头手里抱过一姐，大手一挥，说：

"儿子放心，下次回来，爸爸还你一个活蹦乱跳的大白猫！"

啦啦是算着儿子周末放假的日子从云南德钦赶回北京的。

和蒜头快一个月没见了，心里想得要命。本来接待方还要安排啦啦去泸沽湖采风，到摩挲女儿国见识母系文化，啦啦也很想坐着猪槽船去听纳西姑娘唱歌，可是一想到蒜头，啦啦就突然改变主意，决定马上回家。

一进家门，啦啦就看到一只肥硕雍容的大白猫蹲在餐桌上与老咪和蒜头共进晚餐。虽然少了女主人，但餐桌上鸡肉鱼虾俱全，颇为丰盛。

"妈妈你回来啦！一姐，叫妈妈！"

啦啦心里一拎，她知道桌上这只大白猫必是一姐了。

听蒜头的口气好像已经认下了这个姐妹，都要管啦啦叫妈妈啦！

啦啦可不愿意这个家里再新增长毛成员了，但为了不扫蒜头的兴致，啦

宝贝，
你要学会
在力所能及
的范围内
献爱心呀
¥
18880

啦只好向一姐打招呼：

“一姐，欢迎你来家里做客！”

守着桌上这么一个长毛肥婆，啦啦食欲顿减，胡乱扒拉了几口饭，就借口累了，离开了餐桌。

此时爸爸老咪站起来说：“等一等，我有点事情想和蒜头商量一下，啦啦你也别走，到时你也发表一下意见吧。”

老咪打开自己的公文包，拿出一叠卷着的纸，一张一张打开，撸平，摊在桌上。

“爸爸，这是什么呀？”蒜头不解地问。

“自己看。”

蒜头拿起来看了一下，又放回桌上。

“这不是医院的发票么？”

“对，准确地说，是一姐这次动手术，加术后消炎、打针、吃药等等所有的支出发票。”

“多少钱啊！”啦啦问。

她猜想一定不是个小数目，她了解老咪，在蒜头身上他从来不算计钱，况且他自己也喜欢猫啊狗啊的，若不是一个承受不了的数字，老咪肯定是打落牙齿往肚里咽的主，绝对不会当着啦啦面，给蒜头下不来台。

“蒜头你自己加一下吧。”老咪把发票又摞在一起，递给蒜头。

蒜头看看老咪，又看看啦啦，从手机的工具栏里调出计算器，开始嘁哩喀喳一通算。

算完，蒜头一句话不说，蒙了！

“多少呀？”见蒜头不说话，啦啦一把拿过蒜头的手机，一看，她也傻了。

18880！一万八千八百八十元！

这确实是一个让蒜头和啦啦都没有想到的天文数字。

“知道救一姐要花钱吗？”老咪问蒜头。

“知道。”

“知道要花多少钱吗？”

“不知道。”

“你要救一姐，献爱心，做好事，这都没错，但你在做出行动之前，是不是应该问问自己有没有这个能力？”

“我其实想在班上为一姐募捐的，我连募捐书都写好了，但我怕同学说我。有的同学讨厌流浪猫，意见不统一，我怕耽误救一姐。”

“爸爸一个月的工资是4000多元，也就是说救治一姐几乎用去了爸爸将近半年的工资。你看看这个问题怎么解决吧？”老咪这次在儿子面前是少有的严肃。

沉默了半天，蒜头终于像下了大决心似的说，“我自己承担一半，爸爸替我承担一半，行吗？”

在一旁看着爷儿俩说话，半天没出声的啦啦眼睛湿润了，她知道蒜头有小金库，那都是爸爸妈妈爷爷奶奶外公外婆大伯大妈舅舅舅妈每年过年给的压岁钱，蒜头让爸爸给他存着，平时从来舍不得花。

有一次蒜头和啦啦聊天时告诉妈妈，将来自己创业，就用这个钱做启动资金。

啦啦想说另一半钱由妈妈掏，但话到嘴边又咽下去了。

啦啦想，平时老咪那么溺爱蒜头，但他在蒜头要救治流浪猫的事情上却能够如此清醒，既让蒜头保持了他的善良，肯定了他献爱心没错；但同时又让蒜头明白，献爱心、做好事，是要有能力的，是要在自己力所能及的范围里来进行的。否则，你在献爱心做好事的同时，你可能会伤及别人。虽然你是无意识的，但这种伤害还是会影响别人的生活。

啦啦知道老咪是对的，她看着已经没有半点流浪猫影子的一姐，第一次有了抚摸一下这个暖暖的小生命的冲动。

啦啦的
快乐教育心得

孩子有爱心是难能可贵的，做父母的既要肯定他的爱心，但同时也要引导他认清自己的能力。

引导和培养孩子价值观的过程，常常伴随冲突，需要家长细致、耐心和良好的心态。

part 01

一诺千金

流浪猫一姐来到蒜头家以后，很快就融入了这个快乐的家庭，除了外貌容颜脱胎换骨，整个儿变得雍容华贵，不但一扫流浪乞儿掩盖不住的可怜相，而且气质脱俗，眼神纯净，完全像个世家出身的贵族小姐。

啦啦说："它倒是真担得起'一姐'这个名号，不过，蒜头我和你说，咱们就是一工薪阶层的小门小户，你别惯得一姐跟豪门千金似的，咱可伺候不起。"

啦啦给蒜头打这预防针，就是想起了从前小美在家时的娘娘样，自己倒成了憋屈在犄角旮旯的丫鬟命。

蒜头心里明白，一姐能成为家中成员，啦啦绝对功不可没。纵使爸爸老咪和自己是一条战壕里的铁杆盟友，但若哪天惹得啦啦心理承受底线崩断，愤然将一姐再次逐出家门，也未可知。

想明白这一点后，蒜头在对一姐的态度上做了微妙调整。

生活待遇上，标准虽然没有明显下降，猫砂、猫粮、猫浴液等一干猫用品，在老咪的坚强后盾支持下一如既往，但从前进家门，蒜头必先叫"小美，我回来啦!”现在改为:“妈妈、一姐,我回来啦!”

虽然放下书包蒜头还是先奔一姐而去,但儿子已经知道尊卑有别,排名有序,啦啦对此也就忽略不计啦!

蒜头多精啊!看到啦啦放松了对一姐的吃醋和防范,对一姐发自肺腑的爱又抵挡不住地升级。

本来,一姐拥有专门为它准备的寓所,是一个带绣花布棚的大草筐,里面铺着厚厚一层晶莹透亮的猫砂。一姐在自己的窝里,无论是小憩还是大睡,都会舒适无比。

可不知从何时起,只要蒜头熄灯睡觉,一声轻幽的口哨,一姐两只绿莹莹的眼睛就会发出光亮,雪白的身子像一道白色的闪电,悄然划过漆黑的夜,像幽灵一样无声无息地钻进了蒜头温暖的被窝。

蒜头会在被窝里抱着一姐,摩挲它柔软的长毛,对着它莹莹闪亮的绿眼睛,说着学校里一天发生的事情,吐露自己心中最隐蔽的秘密。

一姐则像一只热乎乎的暖水袋,紧贴着蒜头的胸口,时不时还伸出湿漉漉的小舌头舔一下蒜头的脸蛋,翘起毛茸茸的小爪子挠一下蒜头的手掌心。

蒜头和一姐的亲密无间,哪能逃过啦啦的火眼金睛。她对老咪说:“这样不行,蒜头每晚和一姐唧唧歪歪影响休息,第二天上课会没精神的。”

老咪手里抱着游戏机摁件,正玩得兴起,漫不经心地说:“没事儿,困了自然就睡了。”

啦啦又说:“我听说长毛动物的毛对人体呼吸道不好,我怕……”

“哪那么多事儿,你别瞎操心了!”

啦啦的瞎操心,很快就被事实证明,不是杞人忧天。

一段时间以后，蒜头变得蔫蔫的，胃口也不好。

有一天，蒜头突然莫名其妙地高烧不止，在40—42度徘徊。

紧急送到医院后，医生看着蒜头烧得通红的脸蛋，检查了他的喉咙，问：“吃过什么生冷的东西？”

“没有啊！”

“着凉了？”

“没有啊！”

医生拿起一只小小的手电筒再次检查蒜头的喉咙，又照了照鼻孔、耳朵，眼光锐利地射向啦啦，问：“家里有没有养动物？”

啦啦和老咪面面相觑。

啦啦说：“养了。”

“长毛的？”

“是。”

啦啦说这话时恶狠狠地看了老咪一眼。

老咪心虚地扭过头，不敢看啦啦。

医生说：“家中养长毛动物很容易引起人体肠胃道和呼吸道感染，引起各种过敏性疾病。从孩子的症状看，他本身就是过敏性体质，更容易被感染。我的诊断，这孩子得的是吸入性肺炎。先挂三天点滴，去缴费吧。”

老咪赶紧接过记账单要去缴费。

医生又说：“你们当爹妈的要统一一下意见，赶紧把家中的长毛动物送走。另外，家中熏一下醋，全面消毒。”

蒜头这一烧，住了半个月医院，人都瘦了一圈。这期间，他几次问到一姐，甚至跟老咪提出，能否将一姐抱到医院来让他瞧瞧？

啦啦从蒜头住院的第一天起，就主张把一姐送走。而老咪则坚持，等蒜头出院后，再让他经历生离死别。否则蒜头心情不好，不利养病。

啦啦觉得老咪的话有道理，只好绷着。

儿子出院时，啦啦让医生对蒜头晓之以理动之以情，掰开了揉碎了和蒜头讲明要送走长毛一姐的原因。

蒜头是个懂事的孩子，这场病毒性肺炎让他明白，自己再舍不得一姐，也只能和它分手。

事关蒜头的身体健康，老咪这回也很理智，迅速地在蒜头奶奶家的小区里找好了一个愿意收养一姐的老头。

老头是小区看门的，无儿无女，正想找个宠物相依为命。

老咪和蒜头一合计，觉得一来老头孤身一人，对一姐肯定错不了；二来蒜头每次回奶奶家就能和一姐见面，也不算远离。

送别那天，气氛还是有些伤感。

老咪新买了两袋猫砂，十包猫粮。

啦啦将一姐那个带绣花布棚的大筐洗刷得干干净净，里面装上了猫浴液、猫刷子，修猫指甲的剪刀等所有猫生活用品。

蒜头抱起一姐时，啦啦想阻止，最后还是忍住了。心想：最后一次，就让儿子再和一姐亲热一下吧。

半个月以后，啦啦、老咪带着蒜头去奶奶家。一进奶奶家的小区大门，蒜头就呼唤着“一姐一姐”，直奔老头的小棚屋。

一到老头家门口，蒜头就惊呆了！他几乎不敢相信，小棚屋前一个生锈的铁笼子里关的就是一姐。

笼子下面铺着稻草和炉灰，一姐雪白的绒缎般的长毛已经变成灰褐色，毛都打结了，像一个个小疙瘩球挂满全身。

让蒜头心疼不已的，是一姐冰冷的眼神，它看昔日的小主人蒜头的目光，就像一把闪着寒光的刀。

蒜头抓了一条在来的路上现买的小鱼，伸进笼子，递到一姐嘴边，喃喃地说："一姐，我来晚了，你受苦了，这是你最爱吃的鱼，快吃，快吃……"

一姐没有像以前那样闻到鱼腥就活蹦乱跳撒欢，而是迟疑地，小心翼翼地嗅了一下蒜头的手，眼睛里稍稍泛起暖意。它身子退后些许，就蹭到了笼子的铁丝，抖了一下，飘起一层炉灰，又看了一眼蒜头，似乎想起了什么，这才怯怯地小口小口地吃鱼。

此时，老咪和啦啦也过来了，看到一姐今非昔比的模样，也都大吃一惊。老咪马上就找老头交涉，问他为什么要把一姐囚禁在笼子里，为什么不给它铺猫砂而用炉灰，为什么不给它洗澡，它身上都结嘎嘣了。

老头说："猫砂、猫粮都让我给卖了，不就是一只猫么？又不是王母娘娘。"

蒜头坚决要求接一姐回家，老咪虽然没有明确支持，但脸上的表情显然站在儿子的立场。啦啦知道自己遇上了最棘手的问题：一边是蒜头的过敏性体质根本无法和长毛动物长期相处；一边是从死亡线上抢救回来的一姐再次遭到虐待。

作为母亲，她肯定不能让蒜头的身体重蹈覆辙；但作为一个普通人，她也不忍看到一姐受此摧残。

协商的结果是，给一姐重新找个好人家。

给一姐找的新家远在燕郊，主人是蒜头当老师的大姑的学生，也是一个酷爱动物的孩子。更难得的是，他爸爸妈妈是养鹅专业户，家里猫猫狗狗本身就跟动物园似的。

啦啦说："一姐在新家有那么多伙伴，肯定不会寂寞。"

老咪说："爸爸很快换辆吉普车，不怕跑远道，咱要是想一姐了，就开车过来看它。"

蒜头给一姐洗了澡，喂了猫粮和小鱼。

送一姐到新家时，那个叫扣子的小男孩欢呼雀跃地奔出来，一把将一姐抱在怀里。

看得出扣子是真正喜爱一姐的，蒜头心里虽然百般不舍，但也放下了心，细细和扣子交代一姐的生活习性和注意事项。

分手时，一姐似乎意识到蒜头又要弃它而去，爪子拽住蒜头的衣角不放，眼里满是哀伤。

蒜头一边摩挲着一姐的长毛，一边像哄妹妹一样哄它："一姐，乖，这个小弟弟也会像我一样喜欢你，爱你，陪你玩。我现在病刚好，还有些哮喘，医生说不能和长毛动物接触，所以你不能和我走，你在新家好好的，等我完全康复了，我一定来接你回家！"

一姐依旧不松爪子，眼睛直直地看着蒜头。

蒜头眼里涌上了眼泪，他对一姐说："三个月，等我三个月。一姐，相信我，三个月以后，我一定回来接你！"

一姐幽幽地看了蒜头一眼，松开爪子，噌的一下跳下地跑了。

三个月后的一天，蒜头接到扣子电话，说"从昨天开始，一姐就不吃不喝，爬到屋顶上，面朝你们来的那条大路一动不动，两眼死死盯着你们来的

5
APR
18
JULY
30

方向。它肯定记得你说三个月以后来接它的话，你算算，到日子了”。

蒜头心里咯噔一下。自己当时看着一姐依依不舍的眼神觉得可怜，便随口一说罢了，一姐再聪明，它也是个动物，还真能掐指算日子不成？

扣子听蒜头不回答，急了！说：“蒜头，一姐这是绝食呢！你要不来，一姐真有三长两短，你后悔就晚了。”

蒜头说：“你告诉一姐，让它等我，我明天就去看它。”

第二天，啦啦早早去农贸市场买了新鲜鱼虾，做了盐水虾和红焖鲫鱼。

老咪前一晚就去超市买了猫砂猫粮。

蒜头则想到一姐的小窝该换了，备好了一个比原先那个更大更漂亮的草筐。

到燕郊扣子家时，太阳已经当空。蓝天下，四周空旷的田野里，飘来凉爽的风。

蒜头果真看到一姐蹲伏在高高的屋顶上。

一姐看到他们，并没有像大家预料的那样欢快地跑下来，而是一动不动地看着啦啦、老咪和蒜头。

“一姐，下来。你看谁来啦？”扣子朝一姐招手。

“一姐，快下来，我来看你啦！”蒜头大声喊。

一姐一动不动。

蒜头和扣子搬来了梯子，蒜头拿着啦啦精心烹制的大虾和鱼，一步一步爬上屋顶。

一姐还是纹丝不动。

蒜头将一只大虾剥掉壳，将一块鱼肚子剔去骨头，递到一姐嘴边。

一姐就像没看见似的扭转了头。

蒜头知道一姐生气了，气他没有兑现诺言，准时接自己回家。

可蒜头食言是有原因的呀！

蒜头在一姐对面席瓦坐下，轻轻地掰过一姐的脑袋，对它说："一姐，对不起。我上次送你来的时候，不该对你撒谎，说三个月以后来接你。其实我知道自己不可能来接你了，我上次得肺炎发烧住院，落下了一大截功课。医生说，我若再和长毛动物在一起生活还会得病。眼看马上就要中考了，我不能再得病再发烧再住院，你明白吗？"

一姐又扭转了头，蒜头看到它眼睛里浮起一层亮晶晶的液体。

蒜头很难过，他想起了啦啦常对他说的一个成语：一诺千金。他对一姐是有承诺的，有承诺就应该兑现。

蒜头求救地看着爸爸妈妈，希望他们松口，同意自己带一姐回家。

老咪看着啦啦，啦啦看着一姐，彼此心中都很纠结。

儿子和一姐的约定虽然只是简简单单一句：接你回家。但事关诚信和儿子的身体健康，他们真的不知道该如何选择。

令人意想不到的是，还没等啦啦和老咪做出决定，一姐已经做出了选择。它转过脸忧伤地叫了一声：喵呜……便纵身从房顶一跃而下。

还没等蒜头醒过神来，一姐早就窜出很远。

"一姐……"

蒜头看着远处一姐越来越小，很快就消失的身影，眼泪流了下来。

啦啦的
快乐教育心得

让孩子从小就要明白诚信的份量，“一诺千金”不仅是一个成语，更是做人的准则。

蒜头的心里话

“

我也记不得自己究竟是从什么时候开始迷上那些小动物的了。

啦啦并没有把那些曾经陪伴我的小精灵们罗列完全，我还养过刺猬、鹦鹉、鸽子等等，可以说，那时候花鸟市场里有的小动物，我几乎都养过。

那么，从和那么多种小动物的相处中，我学到了什么呢？

要有爱心？我认为，爱心是一个人的品质，更多的是天生的。不过，像啦啦那样害怕很多小动物的妈妈，难道就是没有爱心么？

我觉得自己学到更多，认识更深的，应该是一种责任感和一份平等的尊重。

那时候，我从一个叫“土猫”的网站上收养过一只名叫小松的小猫，每天放学回家的第一件事就是和它玩上一会儿。

猫是一种极度喜爱与人亲近但同时又很敏感的动物，我写作业时，小松总是趴在我的写字台上，时不时地用小爪子扒弄我写字的手。有时我被它弄得有些生气，小松却能一下察觉，转而把爪子压在身下乖乖地趴着，仿佛什么都没做过。

后来，父亲老咪又抱回了一只刚出生不久的小猫丑丑。刚来时，丑丑才刚断奶，身体弱得不得了，全家都围着它转，生怕这柔弱的丑丑有什么闪失。

大概就是从那时起，小松的性格有了微妙的变化，它总是独自趴在冰箱上，或者暖气罩什么的一些角落里，写字台上的亲昵游戏，自然也就成为了记忆。

我还清楚地记得，后来我主动拉着小松的小爪子，它却并不看我，头摇

蒜头的心里话

来摇去的样子。

丑丑来的时候，小松也才一岁大，这个年龄刚刚算是个八岁的孩子呢！现在想想，还是个孩子的我，或许在这样一个比我还小的孩子心里种下了妒忌的种子。

在小松的世界里，只有我和我的家人，我们就是它的全部。当我们把它仅仅看成一个宠物，而忽略它的感受时，对它来说，不就意味着整个世界都抛弃它了么？

我和小松之间发生的故事啦啦并没有提到，可以算作是我童年记忆的补充吧。直到今天，每每想起这件事，我还是会带着一份歉疚。也许恰恰是这份歉疚，让我在年少时，就懂得了尊重和责任的意义。

Part 02

蒜头的商基因

对金钱的渴望和追求，其实并不可怕。让孩子早早地接触到钱这个东西，并且认识到：钱是劳动价值的体现，不仅能使孩子对社会和生活产生切实的体会，对他未来的人生，也会起到意想不到的积极作用。

part 02

彩球坊

蒜头心里面其实还是有点崇拜妈妈啦啦的。

啦啦长得不算漂亮，个不高，体型也不算苗条，要是给啦啦的外貌打分，蒜头说最多只能打70分，而且那还是在有情感加分的前提下。可是蒜头说，妈妈也有妈妈的优势，要是给妈妈的气质打分，可以打到80分；给妈妈的才华打分，甚至可以打到90分。

啦啦不得不在心里承认，蒜头的眼光是很毒的，他对妈妈的评判也还算公允。从小到大，啦啦在学校也好，在工作单位也罢，从来没有因为外貌引起过别人的注意，但却一直以内在才华和突出的成绩获得大家欣赏。

啦啦是一个作家，写过一些让蒜头不屑一顾的小说；啦啦又是一个编辑，编过不少又畅销又获奖，但在蒜头看来也就那么回事儿的图书。但这些都不足以让蒜头崇拜妈妈，真正让蒜头对妈妈刮目相看的，既不是啦啦写的小说，也不是啦啦编的图书，而是妈妈顶着来自四面八方的压力和质疑，冒着一败涂地的风险，出版了一个抗拒考试、公然退学、在家长和老师眼里简直就是一个大逆不道的“坏孩子”写的长篇小说。

蒜头在自己家里见过那个“坏孩子”，帅气、俊朗，与老师描摹的妖魔形象大相径庭。

让蒜头对那个“坏孩子”陡生好感的是，“坏孩子”一看到小美和拐拐，立马就从自己的双肩挎包里掏出火腿肠和熏鱼罐头打开给小猫母子吃。蒜头就此认定“坏孩子”人不错，他愿意和他交朋友。

当啦啦带着“坏孩子”到杭州签名售书时，恰逢暑假，正读小学三年级的蒜头便缠着妈妈带他一起去。啦啦觉得自己平时工作忙，挺亏欠儿子的，正好借这个机会好好补偿，便将蒜头带在身边，一点也没有怕“坏孩子”带坏蒜头的防范和警惕。

活动的主办方将啦啦母子安排在一个房间，将“坏孩子”安排在啦啦母子对面的房间。蒜头很想和“坏孩子”玩，可“坏孩子”是个大懒猫，除了主办方安排的活动他还算配合，其余时间几乎都在房间里睡大觉。

蒜头觉得西湖边桃红柳绿，湖光山色，“坏孩子”整天蒙头大睡这不辜负了上天美景么？他也不管三七二十一，猛捶“坏孩子”的房门，想叫醒他一起出去玩。

“坏孩子”睡眼惺忪地打开房门，蒜头刚想去拉他，忽然看到厕所的洗漱台上有一摊盘卷的黑褐色的大便。蒜头觉得一阵恶心，“坏孩子”的率性和特立独行蒜头早已领教，但他也不至于那样随心所欲，上下不分，公然将排泄系统的污物亮在明处，丧失最起码的文明卫生吧？

当蒜头振振有词地质问“坏孩子”时，“坏孩子”狡黠地一笑，用手一把抓起那摊大便，还没等蒜头阻止，他就朝蒜头扔将过来。

蒜头还没来得及躲避，那团黑褐色就砸在蒜头身上又弹跳到地上，觉得大受污辱的蒜头“哇”地大叫一声，像小钢炮一样射向“坏孩子”，还没开粗口，就听得“坏孩子”一串大笑：“哈哈哈……臭吗？你捡起来摸摸……”

蒜头疑惑地朝地上那摊大便看去，惊讶地发现这样扔来砸去最后掉地上，大便却一点没走样，还是有形的一摊。

“坏孩子”捡起“大便”递给蒜头，说：“看看是啥！”

蒜头生气地扭过头去，不想搭理这棵葱。

“坏孩子”一把将“大便”塞到蒜头脖颈里，大笑着跑开了。

蒜头气得直跳脚，但他突然发现“大便”既不臭，也不粘，滑滑溜溜冰冰凉凉从脖子穿过肚皮，出溜落到地上。蒜头好奇地捡起来一看，原来是橡胶做的。

蒜头还从没有见到过这样高仿效果的东西，心想，这玩意儿若用来恶作剧简直无与伦比，班上再有哪个同学使坏，用其施行报复，绝对 OK！

蒜头对“坏孩子”软磨硬泡，很快就查清了“香蕉大便”（这是蒜头给橡胶大便起的别名）的来源和出处。

西湖边有一个专卖这一类恶作剧玩具的商店叫“彩球坊”。商店门楣十分招摇，五颜六色的大气球扎出“彩球坊”三个字，看上去阳光明媚。然而“彩球坊”气球下面的木门却老旧破败，像是哪家江南老宅倒闭时淘来的古董。最可笑的是门前那个戴着痰盂帽、穿着花衬衣的小丑，大热天的披红挂绿，也不怕捂出一头痱子。

蒜头推开吱吱呀呀的破门，走进神神秘秘的“彩球坊”。

“哇噻！”蒜头忍不住叫起来。除了“坏孩子”那摊以假乱真的“香蕉大便”外，“彩球坊”里好玩的东西大大超出了蒜头的想象和期待：

辣牙签——一个个精致可爱的动物牙签盒里插满了在蒜头看来和爸爸妈妈平时用的没啥两样的细细的竹牙签，但仔细看，这些牙签的尖头都戴上了色质鲜艳的小帽子，红黄蓝白青绿紫，七彩缤纷，像一撮撮等待腾空起舞的礼花棒。

蒜头好奇地拿出一根牙签放到嘴里，还没试着像爸爸那样剔牙，就“阿嚏”一声打了个大喷嚏，嘴里丝丝冒凉气，辣得眼泪都流出来了。

创可贴——这种创可贴和我们常见的创可贴有所不同，不是小膏药一贴的那种，而是非常夸张的有缠绕的纱布和橡皮膏，最吓人的是，白色的纱布和橡皮膏上血迹斑斑，而且这血迹还不是凝固结痂的那种，而是湿漉漉好像还在不断渗血的感觉。

蒜头觉得这玩意儿用来吓唬妈妈特别合适。哪天若犯错误妈妈要批评他时，只要在手上套上这么一个血赤乌拉的创可贴，妈妈肯定又心疼又害怕，“宝宝长”、“宝宝短”还来不及呢，哪还顾得上批评他呢？

骷髅头——就是那种脑袋像蒋光头，脖子上交叉撑两根大棒骨，阴黑恐怖，让人毛骨悚然，像从墓穴里扒出来的死人头骨。好玩的是，这里的骷髅头千奇百怪，有八脚蜘蛛骷髅、猫咪小姐骷髅、搞怪小丑骷髅、加勒比海盗骷髅……

蒜头最喜欢那个猫咪小姐骷髅，那么吓人的骷髅，却透出一种美艳和妖媚。

可以说，这个恶作剧玩具店让蒜头大开眼界，他真没想到世界上还有这样富有创意的玩意儿。

从小到大，爸爸妈妈在买玩具这件事情上从来没有亏待过蒜头，大到好几千元的气垫船、滑雪板、全套专业的钓鱼器具；小到价格不菲的游戏机、变形金刚、遥控电动小汽车等等，只要蒜头开口，几乎是有求必应。

有时候啦啦觉得蒜头在玩具的需求上有点贪得无厌，想要对其有所遏

彩球坊
辣牙签
橡胶大便

制，但爸爸老咪总是抵挡不住蒜头的眼泪，宁可戒烟戒酒，袜子露着脚趾头也不肯买一双，而给蒜头买再贵的玩具却眉头都不皱一下。

然而很奇怪，蒜头在这家价格便宜，大多只有几块，十几块，至多不过几十块钱的彩球坊所产生的兴奋和开心，却是以往任何时候都没有过的。

他掏出妈妈给他的零花钱，毫不犹豫地买了辣牙签、创可贴、橡胶大便……哩哩啦啦一大包，兴高采烈地回到宾馆。

啦啦正在浴室泡澡，听到蒜头进门也不想起身。直到蒜头压低的声音透过门缝传进来，啦啦才竖起了耳朵。

“喂，是彩球坊吗？我从北京来，我想问一下，如果我想加盟彩球坊，加盟费多少？”

啦啦心里一惊：这小子搞什么名堂，小小年纪，他懂什么叫加盟吗？

啦啦朝门缝瞥了一眼，下意识地拿起了浴室里的同线电话。

“噢，加盟费三万。”

“太贵了，我是学生，没有经济来源，能否便宜点？”

“最低两万，不能再便宜了。”

“还是贵。那我若是不加盟，直接从你们这儿进货，几折呀？”

“六五折。”

“折扣太高了！我要运到北京，还要加运费，还要租店面，没有什么利润了。”

“你要是进货量大，可以再谈。”

“好吧。”

蒜头挂断了电话，啦啦的心却揪了起来。

蒜头的这个电话带给啦啦的震惊，不能说山崩地裂，起码是石破天惊！

蒜头才多大呀？一个三年级的小学生，啦啦觉得还完全是个宝宝囡囡应该在妈妈怀里撒娇的小伢儿，怎么就加盟啊、折扣啊、利润啊，居然人模狗样地和人谈起生意来了，这还了得！小小年纪就动起这样的歪脑筋，这学还怎么上？这书还读得进去吗？

但啦啦毕竟是啦啦，她不会像有的家长那样，遇到这种事情就暴跳如雷，而是考虑了一个晚上，第二天和蒜头进行了一次自以为是推心置腹的谈话。

“蒜头，妈妈给你的零花钱用完了吗？”

“嘢！妈妈真是个八仙婆！能掐会算哎！”蒜头心里一惊，自以为藏得严丝合缝的小秘密八字还没有一撇呢，难道就被妈妈的火眼金睛识破啦？

“零花钱若不够花，可以向妈妈继续申请，只要合情合理，妈妈还是可以考虑追加的。”

“真的吗？你真是个开明的好妈妈！”蒜头一把搂住啦啦的脖子，“叭叽”在啦啦脸上响亮地亲了一下。

啦啦受宠若惊，蒜头自上学以来就觉得自己已经是个小小男子汉了，不能再像小时候那样和啦啦唧唧歪歪婆婆妈妈，连上街也不肯让啦啦牵手，已经很久没有和啦啦有这样亲密的举动了。她差一点忘了自己和蒜头谈话的初衷，恨不得将皮夹拿出来让蒜头自己拿钱。

“妈妈，其实我不想再问你要钱。”

“为什么呀？”

“问你要钱很麻烦，一定要说出来干嘛用。可我有时候不想让你知道我要干什么，大人都有自己的秘密，我为什么就不能有呢？”

“妈妈是你最亲的亲人，你有什么秘密不能和妈妈说呢？”

“可是妈妈……秘密是一朵藏在心里慢慢才能开的花，浇水啦、培土啦、捉小虫子啦，许多活儿只能悄悄地干，不能让别人知道的，知道了以后，就没有惊喜啦！”

“这么说，蒜头是要给妈妈一个惊喜啦？”啦啦看着一脸认真的蒜头，心慢慢柔软起来，她不明白，自己本想阻止蒜头异想天开做生意的念头，却为什么让蒜头几句话就扭转了谈话航船的方向。

蒜头使劲地点点头，心里小算盘却打得噼里啪啦响，他想从妈妈那里得到一笔开彩球坊的启动资金，那就必须将自己的计划告诉妈妈；但他又担心妈妈会认为自己异想天开，弄不好偷鸡不成蚀把米，钱没要到，开彩球坊的秘密反而见光死。

“那妈妈就等着你的惊喜啦！”啦啦太了解蒜头了，这时候你若盯着他追问，反而会把他冲到嘴边的话吓回去。你若漫不经心地不把他当回事儿，他倒可能憋不住。

于是，啦啦打开电脑上网，看也不看蒜头。

果然，蒜头先是在啦啦身旁走来走去。见啦啦没反应，他又打开电视机，把声音开到最大，震耳欲聋。

啦啦心里好笑，但她装着不受干扰，依旧在网上游来游去。

蒜头见啦啦不为所动，只好趴到妈妈背上，小手在啦啦的头发丛里来回扒拉，嘴里喃喃地说：“妈妈你有白头发了，蒜头给你拔掉。”

心智稚嫩的蒜头到底不是洞若观火的啦啦的对手，见啦啦眼睛盯着电脑不看他，终于憋不住了。他从妈妈背上跳下来，跑进自己房间，一会儿就拿出那包在彩球坊买的玩具，在啦啦面前一一摆开。

“这是什么呀？”啦啦心如明镜，却假装不解。

“这是辣牙签，这是创可贴，这是许愿砂，这是骷髅面具……妈妈你不觉得这些玩意儿很有意思吗?”

“确实很特别。哪来的呀?”

“在一个叫彩球坊的玩具店里买的。”

“噢! 那你好好玩吧。”

“妈妈!”

“嗯?”

“妈妈……”

“怎么啦?”啦啦知道快蒜头绷不住了。

“这些玩具太有……太有……”蒜头找不到可心的词来表达。

“太有创意了,对吗?”啦啦脱口而出。

“什么叫创意?”

啦啦忽略了蒜头还只是一个八九岁的孩子,她总觉得蒜头和自己对话,从来都是旗鼓相当。看来“创意”这个词专业了一些,蒜头毕竟才上小学三年级。

“嗯……创意就是……就是别出心裁,就是与众不同!”

“别出心裁”这个成语蒜头还没有学过,但“与众不同”蒜头是知道意思的。他大叫一声:“对! 就是与众不同!”

“那又怎么样呢?”啦啦继续装傻。

“那大家就会喜欢啊! 小朋友就会买啊!”

“这些玩具贵吗?”

“不贵,比爸爸妈妈给我买的玩具便宜多了。”

“便宜倒是商品走俏的要素。”啦啦有点被小家伙绕进去了。

“妈妈不愧是妈妈,一点就透啊!”

“什么意思? 小鬼头,有话直说,别给妈妈戴高帽。”

“我想在我们小学对面开一家彩球坊，生意肯定火！这是南方厂家出的产品，北京还没有见到过。我们学校都是住读生，放学以后又不能回家，也没什么可玩的，要是开出一家彩球坊，小朋友一定会喜欢的。学校对面现在有面包房、冷饮铺、小书摊，就是没有玩具店，彩球坊绝对能填补空白。”

蒜头说得有理有据，头头是道，若他不是蒜头，而是一个成人，啦啦甚至觉得这桩生意真是千载难逢，啦啦都想参股啦！可是偏偏是蒜头，一个八九岁大的小学生，啦啦要是不阻止他的异想天开，那就是世界上最不负责任的妈妈！

想到这里，啦啦沉下脸来，断然喝道：“蒜头，你一个小孩子怎么可以有这样出轨的念头，你要读书的呀！小小年纪，不要财迷心窍，动这样的歪脑筋！妈妈从来不干涉你的自由，但这件事情太离谱了，妈妈万万不会答应的！”

说完这番斩钉截铁的话，啦啦不敢看蒜头，怕他小脸一耷拉掉下泪来，回头自己再心一软，真让蒜头沿着他的胡思乱想走下去，让他没有心思读书，那可就铸成大错了。

啦啦一挥手，表明此事绝对没商量，转身走了。

啦啦脸上的表情很决绝，蒜头关于让妈妈投资的话都来不及说出口，就被堵在嗓子眼里了。

从杭州回北京后一个多月都没有动静。蒜头每次从学校回来，也总是一头钻进房间，咔嚓锁上房门，吃饭也要叫半天才出来。但让啦啦高兴的是，蒜头再也没有提彩球坊的事。

餐桌上，啦啦有意无意地提及彩球坊，想试探一下蒜头是否彻底断了念头，蒜头眼白朝上一翻，根本不接茬。

这下啦啦放心了，小孩子的古怪念头就像天上飘浮的白云，一会儿一变，没有长性的。

可是，一个意外的发现，让啦啦大吃一惊。

那天蒜头返校以后，啦啦像往常一样打扫蒜头的房间。整理书桌的时候，为清洁桌面，啦啦将一叠游戏碟片放到抽屉里去。没想到一张写满字的纸片静静地躺在抽屉里。

啦啦拿起来一看，傻啦！

是蒜头的字，哩溜歪斜的，居然是一份关于办彩球坊的设想，“设想”旁边有一个括弧，里面是“方案”二字。

看来蒜头还没有想好应该用“设想”还是用“方案”。

全文如下：

开一家彩球坊的初步设想（方案）

一、意义

1. 学生学习紧张，课余需要放松。

2. 现在的众多玩具缺乏创意，没有想象力，彩球坊的玩具特好玩，能丰富我们的想象力。

3. 利润高。

二、地点

学校对面的面包房旁边的小饭馆经营不善，面临倒闭，可以盘下后改成彩球坊。

学生们课间课余经常去买面包，客流量大。

三、经营者

经营者即投资方。由校方派老师和学生共同组成。在不影响教学的情况下，想参与的老师和同学可以自由报名。老师应该是受学生欢迎的，也可以由学生选举；学生应该是语文数学两门功课均在80分以上者。学生中若有因参与经营成绩下降者，校方有理由劝退。

四、投资和分红比例

店面租金、进货款、员工工资总计约需10万元，学校投60%，占大头，控股。老师和学生可自愿投资，投资数额最少100，最多1000，总投资比例不超过40%，分红比例按投资比例分配。

五、进货渠道

可派人去南方有彩球坊的城市，假扮顾客进店做暗访和调查。因为直接从店家进货成本偏高，最好摸清玩具的生产厂家，直接从厂家进货。注意：若厂家不止一家，最后应选择离北京最近的厂家，降低交通成本。

啦啦看完蒜头的“杰作”目瞪口呆。虽然作为一个职业编辑，啦啦看出了这份设想或方案中逻辑和文字上的种种毛病，但她还是不得不承认，蒜头做生意的头脑和他已经具备的商业知识，远远超过了啦啦的想象。

更让啦啦心情沉重的是，自己完全低估了蒜头独立思考的能力和做事情的执着精神。本来以为儿子办彩球坊的念头只是心血来潮，现在啦啦意识到，蒜头想经商的想法遭到自己打压后，不但没有因此而放弃，反而像小草顶起重重的石头，顽强地探出了不屈的脑袋，伸向了更广阔的天空。而由于自己的强势制止，使得本来和妈妈亲密无间的蒜头悄悄地关上了自己的心门，曾经对啦啦无话不说的儿子，向妈妈隐藏了更大的秘密，这让啦啦不寒而栗。

啦啦不知道蒜头是不是打算将这份设想交给学校，她也不清楚校方领导看到手下的小学生不安安分分读书，却整出这么一份所谓的方案，会不会暴跳如雷，她只是觉得，也许自己不应该扼杀蒜头想开办彩球坊的热情与努力。即便他可能会碰得头破血流，也许还会让老师对蒜头留下不好的印象，但啦啦不想再阻止蒜头心中的梦想，她甚至发现，自己还隐隐有点为蒜头而骄傲的感觉。

等到蒜头再回家的时候，啦啦将自己用红笔改得像爬满蚯蚓的“设想”交给蒜头，并笑眯眯地问蒜头：“校外的学生家长可以投资吗？”

蒜头瞪大了吃惊的眼睛看着啦啦，仿佛啦啦是星外来人。

啦啦的快乐教育心得

家长的强势，往往导致孩子的回避。孩子会因此而关闭心门，拒绝和你沟通。如果不能及时了解孩子的内心想法，你将会把孩子从自己身边推开。

part 02

小试牛刀

经过啦啦修改，最后由蒜头自己审读认可的“彩球坊”方案，蒜头居然逮着机会，斗胆亲自交给了校长。

蒜头说，校长当时看他的目光，就像挤了十八种颜色的大颜料盘，那色彩叫一个丰富。

看得出，蒜头对未来的彩球坊充满了期待，他甚至幻想自己可以当上总经理。他觉得总经理的月薪应该不会低于 500 元，那时就可以不用向妈妈要零花钱了，想买什么就买什么；也不用回答爸爸“钱都花哪啦”这样小儿科的问题。

可是，时间一星期一星期地过去，校长那里迟迟没有动静。

蒜头曾几次找借口在校长办公室前的走廊上晃来晃去，可是校长办公室的门永远紧闭，安静得就像停尸房似的。

最最让蒜头崩溃的是，有一次蒜头在食堂吃饭时幸运地遇见了校长，他不管三七二十一冲上前去大叫一声“校长！”可校长居然和蔼地微笑着问他："小同学，你是哪个班的？叫什么名字？"

蒜头差点没背过气去。

校长竟然不认识他，完全把他忘了！可想而知，蒜头精心炮制的彩球坊方案，也一定被这位假惺惺的笑面虎扔字纸篓里去了。

"彩球坊"胎死腹中其实是意料之中的事，有谁会相信一个小学三年级的学生能在学习之余主持这样一件重大的商业行为呢？

在啦啦看来，学校没有因此对蒜头的出格举动进行批评处罚，也没有进一步追究家长管教不力的责任，已经是万幸了。

其实这是啦啦最期待的结果，既让蒜头的雄心壮志有一个锻炼和展露的过程，又不会耽误他的学习，因为彩球坊真开起来，蒜头势必会全身心投入其中，那学还怎么上？而更重要的是，在这件事情上，啦啦最终以修改蒜头方案的行为，表达了对蒜头的支持，拉近了母亲与儿子的距离。至于最后办不成，那是客观条件不成熟。

啦啦告诉蒜头："儿子，你应该学会等待时机。"

但蒜头脸上的沮丧还是让啦啦心疼不已。

啦啦在恰当的时候与蒜头进行了一次推心置腹的谈话，最后她对儿子说："彩球坊没有办起来，并不说明你失败，因为你起点太高了，选择的项目实施起来难度有点偏大。而在你还没有用事实证明自己的实力时，别人不会盲目投资，这很正常。你没有必要难受，而应该想一想，是不是可以调整一下自己的目标？比如，可不可以先找一个小一点的项目，不用别人投资，你自己就可以独立做的事情。挣不挣钱不要紧，锻炼一下自己的实际能力就行。也就是说，你在大展宏图之前，应该小试牛刀。"

啦啦说这些话时，完全是在行使一个母亲应尽的责任，她根本没有想到，她的一番“小试牛刀”的话，却像一只小小的虫子钻进了蒜头的心里。

最初是爸爸老咪发现蒜头的异样的。

本来蒜头和爸爸最爱去的地方就是花鸟市场，但蒜头以往去那儿的指向目标很明确，小猫、小狗、小兔，小鱼、小虾、小蛇。总之，蒜头喜欢的是活口动物，而对同一市场里姹紫嫣红的花啊草啊，蒜头从来视而不见。

但是现在蒜头一进花鸟市场，就直奔鲜花而去。

红色的玫瑰、紫色的蝴蝶兰、金色的天堂鸟、白色的满天星……

蒜头不仅细细地问价，还认真地看花铺老板怎么把一支支不同颜色和不同品种的花转瞬间捆扎成一捧捧美丽的花束。

老咪想：儿子不至于早早恋吧？八岁的男孩莫非就想给女孩送花？又一想：这也并非没有可能，现在的孩子营养好，发育早，加之电视呀，网上视频呀！哪哪都不缺男男女女搂搂抱抱的画面，儿子每次回到家里，左泡电视，右泡电脑，耳濡目染，要真动了那心思，也不能怪咱儿子，要怪只能怪这个万花筒般的世界。

加之老咪自己当年就是一个早恋的身体力行者，小学里就给同桌的麻花辫女孩送玻璃糖纸，他潜意识里还真希望儿子的爱情神经早早开发，享尽人间种种美好。

没想到儿子在花鸟市场逛了半天，像菜市场的大妈一样长叹一声：“哎，太贵了，成本太高了！”

老咪回来将蒜头的反常告诉啦啦，让老婆分析一下儿子这是犯了什么神经。

没想到，啦啦听了以后脱口道：“坏了！”

老咪不解："什么坏了？"

啦啦没理他，马上翻看日历。

果然，情人节将临。

蒜头打算在情人节卖玫瑰花的想法，虽然没有公开，也没有实施，但却给啦啦敲响了警钟。看来蒜头正按照妈妈的引导，准备从小项目入手了。

啦啦相信蒜头不会就此善罢甘休，情人节过去还有感恩节、圣诞节、元旦、春节，蒜头一定会有新的动作，自己只要不动声色观察就行了。

果然，圣诞节前夕的那个周末，蒜头一回家，扔下书包就往楼底下的小商品市场跑。

一个多小时后，蒜头抱回来一大堆贺卡，两只小猪储蓄罐，一盒五颜六色银光闪闪的幸运星。

正是快下班的时间，啦啦的工作是不坐班的，早早就在厨房里准备平安夜的丰盛晚餐。烤箱里的烧鹅正冒出扑鼻的香气。

爸爸老咪也提前回到家里，擦桌墩地打扫卫生。

蒜头把买来的一大堆战利品放到桌上，一一摆开，眼里满是兴奋。

老咪问蒜头："怎么，这个月的零花钱倾巢而出了吧？不过啦？"

蒜头得意地说："过！干吗不过？我要过得更好！"

老咪又问："打算怎么着？"

蒜头回答："卖！"

啦啦在厨房里听得心惊，满手油腻冲出来，大声问："卖什么？到哪儿去卖？"

蒜头一脸灿烂地看着啦啦，说："地铁口，那里客流量大，保证一销而空！

妈妈你就等我好消息吧！挣的钱我给你买一条围巾，给爸爸买一个打火机，我都看好啦！”

“你还真去卖啊！你这么一个小孩，地铁里小流氓多，你不怕被他们抢喽……”

“没事，我跑得快！”蒜头一边说一边拿起几张废报纸，卷起他的那堆贺卡小猪幸运星，冲出门去。

“快，跟着儿子，别让他闯祸，回头惹出什么乱子！”

“没事，这小子，他要真敢在地铁卖东西，我还真就佩服他了。”

“有你这么当爸爸的吗？真要出了事，你后悔就晚啦！”

老咪还想说什么，啦啦急啦：“快去！别废话啦！”

老咪家楼下就是地铁。老咪到地铁口的时候正是下班高峰，乌泱乌泱的人流如潮水般涌出。

老咪穿云破雾，左闪右突，两眼四下里搜索，哪里还有蒜头的影子。

老咪其实心里并不太着急，他觉得儿子即便真的在地铁里拉开架势摆个地摊卖点贺卡也不是什么大不了的事情。你看地铁过道里什么没有啊？光着脊梁拉二胡卖唱的；膀子上串着佛珠大沿帽上插着羽毛兜售狗皮膏药的；五块钱一双手套十块钱一条纱巾追在你屁股后面的大妈大姨；惊险凶杀艳俗八卦让人眼花缭乱的报摊……想当年自己还是小学生时，不也在邮票市场淘猴票倒腾了么？

正当老咪情不自禁回顾自己当年的英雄往事时，他突然在地铁通道的拐角处发现了蒜头。

蒜头正拿着一个小猪储蓄罐和一对年轻的男女说着什么，旁边还围着

BOY

几个人，看着儿子指指点点。

老咪发现儿子穿着蓝白相间的校服，校服上红色的“北京小学”四个字鲜艳夺目。脖子上挂着的红领巾，衬得小脸蛋红扑扑的。

老咪不动声色地走过去，悄悄地向儿子靠近，又尽可能不让儿子发现自己。他倒要看看，蒜头这小鬼头是怎么样做生意的。

那一对青年男女显然是情侣。那女的其实不是在看蒜头手中的小猪储蓄罐，而是蛮有兴致地在看蒜头拿着小猪认真白呼的样儿。

蒜头说：“今年不是猪年么？家里有个猪猪帮你攒钱，又吉利又实用。你看这个小猪多可爱呀！放在你的书桌上保证让你好心情！”

那男的问：“多少钱一个呀？”

蒜头说：“十八块。”

老咪在小商品市场看到过这只小猪，价钱好像是十二块。蒜头想挣六块钱，那就是30％的利润呐！蒜头的心有点凶。

那男的说：“有点贵，能便宜点吗？”

那女的不高兴了：“干嘛呀，那么抠！跟这么点小孩讨价还价有意思么？”

还没等男的回应，蒜头立马降价。

“那就十五吧，大过节的，大家图个高兴！”蒜头那表情，那口气，就像一个久经沙场的老京油子，把旁边围观的人都逗乐了。

老咪没有想到蒜头降起价来如此大刀阔斧，连个台阶都没有，一下子就砍掉了利润的50％，你还真搞不清他这是在玩儿，还是真正想赚钱。

那男的一听一下子便宜了三块钱，显然很开心，立马掏钱买下小猪，讨好地塞到那女的手里。

旁边一直看着蒜头的一位老爷子紧跟着掏钱买下了另一只小猪钱罐，

说是回去送给孙子，让他也要从小养成节约的品德，每天往小猪肚子里存一毛钱。

此时周围的人越来越多，蒜头满脸光彩，开始兴奋地推销贺卡：

“哎，大家看一看，瞧一瞧！这张姐妹猪贺卡三利大厦卖三块二，我卖一块八，便宜将近一半呢！再看这张，打开就能听音乐的贺卡，多漂亮！里面这盆向日葵像不像梵高那张著名的画?”

老咪只看到儿子的小嘴吧唧吧唧飞快地动着，手上大把的贺卡上下舞动。买贺卡的人越来越多，蒜头手上的贺卡一下子就没了。

正当蒜头从摊在地下的报纸上捡起新的贺卡想再卖时，突然远处出现了两个头戴大盖帽的人。

不知谁喊了一声：“城管来啦!”

霎时间围观的人群四散，蒜头小脸四下一转，两手飞速地卷起地下的报纸，像一只身手敏捷的小松鼠，哧溜一下就窜出去了。

老咪还没来得及回过神来，蒜头已经没有了踪影。老咪四下搜寻，蒜头那小家伙就像突然间蒸发了一样。

等到老咪忐忑不安地回到家里，准备挨一顿啦啦的唠叨时，没想到蒜头已经坐在餐桌前，正满嘴油汪汪地啃着烧鹅跟啦啦吹牛呢!

桌上摊着一堆毛票钢镚儿，那显然是蒜头的战利品。

蒜头得意地瞅一眼老咪，又兴奋地看着啦啦，问：“我这算不算小试牛刀?”

啦啦的
快乐教育心得

孩子长大了，总是对未知世界充满好奇，渴望亲身体验。他们的行为也许幼稚不切实际。作为家长，放下说教，让他们去试一试，闯一闯，又何妨呢？

part 02

小小钟点工

啦啦爱干净，家里无论何时都是窗明几净的，地板也总保持着锃亮，几乎能照出人影来。

但是，啦啦工作越来越忙，以前做编辑时不坐班，在家看稿子看累了，正好干干家务，活动活动筋骨。

现在啦啦做了社头，管着社里一干人的吃喝拉撒，回到家里筋疲力尽，没有精气神再做家务。但她爱干净的脾性不改，只好请钟点工每周到家里来一次，清理厨房，擦拭门窗，洁净卫浴，地板打蜡。

钟点工是一位安徽来的小姑娘，名叫刘春雁，刚满十八岁。啦啦叫她小刘，蒜头叫她小刘阿姨。

小姑娘手脚勤快，干活麻利，最难得的是，无论做什么事情，小刘都快快乐乐，樱桃小嘴不停地唱一口绵软柔美的黄梅戏，啦啦和蒜头都爱听。

因为小刘每次上门干活都在周末，所以蒜头大部分时间都正好在家。

小刘来了几个星期以后，啦啦渐渐注意到蒜头的微妙变化。

以前啦啦干这些活时，蒜头是熟视无睹的。有时候收拾到蒜头书桌旁，要蒜头让让地儿，蒜头还老大的不乐意。

现在小刘干活，蒜头就像个小马仔似的，一会儿给她倒脏水，一会儿给她递抹布。尤其是小刘给地板打蜡，跪在地上用布头来回擦亮地板时，蒜头会抱出自己的彩色卡通垫，让小刘阿姨坐在垫子上干活。

小刘阿姨说，坐着干活不得劲，必须跪着擦，否则擦不亮。

蒜头就会流露出不忍，一会儿看看小刘，一会儿看看啦啦，眼神闪烁，心神不宁。

啦啦知道蒜头从小就心地善良，眼里看不得半点世道不公。加之啦啦从小教育蒜头平等待人，蒜头看到小刘辛苦干活坐立不安，这在啦啦看来也不是坏事。

可是接下来发生的事情完全出乎啦啦的预料，啦啦醒过神来以后，不得不承认自己对儿子还是不够了解。蒜头的小脑瓜里翻卷的思想，已经远远超出了一个三年级小学生思考的范畴。

蒜头在下一个周末到来之前，提前对啦啦说："妈妈，你不要叫小刘阿姨来干活了。"

啦啦不解地问："为什么？小刘阿姨干活不好吗？"

蒜头说："不是。我想由我来干这些事情，你把给小刘阿姨的工钱让我挣。"

啦啦听了蒜头的话大吃一惊，她本以为蒜头只是喜欢小刘阿姨，看不得小刘阿姨辛苦，万万没有想到蒜头还有另外一番心思。

啦啦问蒜头："蒜头，你为什么想要干钟点工的活？你别以为这活谁都能干，别的不说，光是地板打蜡，你干得了吗？你知道打蜡要经过几道程序吗？"

蒜头嘴一撇道："妈妈你不要小看人，是骡子是马拉出来遛遛才知道。你不让我试一试，你怎么知道我不行呢？"

啦啦一听蒜头这话，知道儿子是认真的，未免心疼他小小年纪，干个扫地擦桌什么的，锻炼锻炼也未尝不可，但地板打蜡这样真刀真枪的体力活，技术活，蒜头毕竟未成年，即便他有这心，啦啦也舍不得呀！

于是啦啦对蒜头说："宝贝，你年纪还小，这些活不是小孩子干的。等你长大了，这些活自然全是你的，你想不干都不行！现在你只要把学习搞好，妈妈就知足了。"

蒜头不依不饶地缠着妈妈说："妈妈，你不是说生活能力从小就要培养的吗？我都已经十岁了，你现在不锻炼我，将来我怎么会有出息呢？你不是还要送我出国留学的么？到了国外，哪个留学生不得打工？这么点事情你都不让我做，将来我孤身一人去国外，肩不能挑，手不能提，你不是更不放心了吗？"

蒜头小嘴呱唧呱唧说得头头是道，啦啦倒一下子理屈词穷，她只好王顾左右而言他："那你要是干不好怎么办，地板打蜡擦不亮怎么办？"

"好办！你可以先试用，试用不合格不要钱。"

没等啦啦回应，蒜头又问："一小时几块钱？"

啦啦回答："八块。"

蒜头欢呼："哇！那我干半天四小时，能挣三十二块钱啦？太爽啦！"

这回轮到啦啦撇嘴了："还不知道你干的活能不能合格呢！你别以为这钱那么好挣，等你腰酸背痛，哭爹喊娘的时候，你就知道这份钱不是天上掉下来的。你也别一口吞个大胖子，就先给地板打个蜡吧。"

啦啦当着蒜头的面打电话给小刘，说这个周末自己有点事，让她别来

儿子，加油！

了，同时向蒜头一摊手："现在看你的啦！"

蒜头看起来是有备而来，还很有干活的架势。他先是找出一套早被自己淘汰的旧校服换上，接着又戴了一副啦啦平时干活用的袖套，完全是个小小钟点工的模样。

为了不影响蒜头干活，啦啦躲进书房，打开音响，让李娜的《青藏高原》唱响。但她显然还是想观察蒜头的动向，书房的门开了一条缝。

看来蒜头平时对钟点工的工作程序了如指掌，上起手来倒也有板有眼，相当到位。

他先是拖着大大的吸尘器将三个房间的地仔仔细细地吸了一遍，然后打来一桶清水，跪在地上，用抹布将地板来来回回用清水擦拭。

啦啦透过门缝看着蒜头趴在地上，屁股撅得老高，小脸憋得通红，心里疼得要命，几次想冲出去夺过蒜头手中的抹布让他别干了，但最后都咬咬牙忍住了。

既然蒜头自己有这个意愿和雄心，当妈的就应该彻底放手，让孩子从小知道生活的艰辛，这不是一件坏事。

才擦拭了客厅的一半地板，蒜头已经累得气喘吁吁，他一屁股坐在地上，两眼不停地朝书房张望。

啦啦虽然背对着客厅，但以一个母亲的心，她能感觉到蒜头的眼睛在自己的身后飘来荡去。她知道自己此时不能回头，不能心软，更不能让蒜头自己败下阵来。

十几分钟后，客厅里又有了新的动静。啦啦用余光一扫，蒜头已经趴在地上，又开始擦地了。

等到三间房间的地板全部擦完，蒜头用了整整两个半小时。厚厚的校服全部被汗水湿透，小手被水浸泡得发白，指甲缝里黑黑的，嵌满了污垢。

啦啦心疼地看着蒜头，她没有说什么，但她用温暖的眼神告诉蒜头，你很棒，很不容易了。接下来的活干不动的话可以向妈妈提出来，妈妈完全可以理解。

但是蒜头很要强，他什么都没有对妈妈说，只是大口大口地喝水。他从来都不肯喝那么多凉白开的，他总是喝王老吉和康师傅冰红茶，但这回他喝了一杯又一杯的白开水。

休息了一阵，蒜头开始给擦拭干净的地板打蜡，沉重的鬃毛拖把沾上乳白色的地板蜡，在蒜头手里就像一柄猪八戒手中的扒犁，来回拖拉，晃晃荡荡。涂抹了白蜡的地板像个花脸沙和尚。

啦啦想到蒜头辛辛苦苦干了一下午，最后很可能还真闹个不合格，挣不到一分钱，心下不忍，便问蒜头要不要妈妈帮忙？

蒜头斩钉截铁地回答："用不着。"

将近五个小时过后，满头大汗气喘吁吁的蒜头，一屁股坐在擦得铮亮的地板上大叫：

"妈妈，你是一个资本家！你是一个周扒皮！"

啦啦一时间不知道蒜头说她是资本家和周扒皮是哪跟哪，她只是心疼儿子小小的身子骨居然实打实地趴在地上近五个小时，还真的把地板擦得明亮照人。这样的吃苦耐劳和坚持执着，让啦啦心疼的同时也非常欣慰，因为从骨子里她看到了蒜头身上具备了一种成大事的素质。说实话，这样高强度的重体力劳动，连啦啦自己都望而生畏，更别说蒜头这么一个小孩子了。

啦啦想对蒜头进行一番夸奖，同时考虑除了兑现钟点工的工资以外，再适当给予一些物质奖励。比如，蒜头向往了很久的 MP3？

还没等啦啦说出自己的想法，蒜头已经躺倒在地板上，眼睛瞪着天花板，狠狠地说：

“妈妈你太残忍了，这么苦这么累的活，你一小时才给人八块钱，你这是剥削唉！你比周扒皮还扒皮唉！这个钱我是再也不要挣了，傻瓜才会不要命，挣这种血汗钱！”

啦啦给累得躺在地上起不来的蒜头递上一杯鲜榨橙汁，悠悠地说：“一小时八块钱，是外面小时工现在通行的行情，这个价格不是妈妈说了算，也不是小刘阿姨说了算，更不是你蒜头说了算，这叫市场价，你懂吗？如果妈妈擅自多给小刘阿姨工资，就会把钟点工的价格抬上去，别人就会有意见，你明白吗？妈妈希望你了解的是：这个世界上的每一分钱都不是那么好挣的，都是要靠劳动和汗水去换取的。”

蒜头听了啦啦的话，突然从地板上拗起身，很认真地对啦啦说：“妈妈，我今天挣的这份钱给小刘阿姨吧，我不要了。我以后一定要发明一种打蜡机，让小刘阿姨和像她一样的钟点工不用这么累。妈妈，你相信我吗？”

啦啦看着蒜头一脸严肃的神情，觉得儿子今天这番苦和累受得值得。

啦啦的
快乐教育心得

让孩子从小吃些苦受些累，从中自己体验社会准则和处世之道，也许能使孩子更快地成长。

part 02

四驱车风波

啦啦刚从东北出差回来，行李还没有放下，就接到蒜头班主任刘老师的电话。

“是蒜头家长吗？”

“啊，我是蒜头妈妈。您是……？”

“我是蒜头的班主任刘老师。”

“噢，刘老师您好！蒜头又出什么事了吗？”

“麻烦您到学校来一趟吧，到四年级教师办公室找我。”

“好的，我马上就来。”对蒜头学校老师的约请，啦啦再忙也不敢说半个不字。

啦啦现在只要一接到蒜头学校老师的电话就头皮发麻，背脊发紧，因为每次老师来电都没有好事情，轻则告状，重则就是请家长去学校。

打车去学校的路上，啦啦不断琢磨刘老师说话的语气和态度，由此猜测蒜头这回犯事儿程度的轻重和大小。

刘老师是个四十出头的中年女教师，按说这个年龄的女性保养得好一些，穿戴得时尚一些，又是整天和小孩子泡在一起的，心态应该年轻，甚至童心未泯，从内到外不能和张曼玉平起平坐，起码也不会比再婚妈妈蔡明差到哪里去吧？可这位刘老师，带着一副大镜框的黑色蛤蟆镜，梳着一个清汤寡水马大嫂挂面头，加上总穿一身深灰色的一字领文革两用衫，别说蒜头不喜欢这样居委会大妈式的老师，就连啦啦也觉得和这样的老师打交道简直是乏味透顶！

蒜头喜欢教语文课的温老师。

温老师刚二十岁，红发带扎着高高的马尾巴，一身天蓝的运动服透着年轻女孩的青春活力。最让蒜头觉得温老师酷的，是她会吹口哨，吹得好听极了，不仅吹得响，而且能吹出旋律。尤其是一曲《青藏高原》，让蒜头听得心驰神往。

啦啦和温老师见过几次，温老师夸奖蒜头作文写得好，想让他参加学校的写作兴趣小组，可蒜头不愿意。温老师几次找啦啦，希望她能做做蒜头的思想工作。

啦啦想：为什么不是温老师找我呢？若是温老师找我，我一定能和她就蒜头的教育问题找到共同语言。

啦啦找到四年级办公室，推门进去时看到刘老师和温老师都在，刘老师的办公桌上堆着起码有十几辆五颜六色的小汽车。

啦啦很快就在刘老师满脸严肃表情的叙述下弄清了事情的来龙去脉。

蒜头就读的学校是全日制住读的，一周只能周末回家一次，平时放学后同学们除了去学校图书馆看书，就是在操场上踢踢球，跑跑步，其他就没有什么可玩的了。天长日久，孩子们自然憋闷得慌，总想找出点新鲜好玩的事情大家乐一乐。

在刘老师看来，蒜头是最会想馊主意和歪点子的，这个穷极无聊的孩子绝对有多动症。不信吗？你看噢：他会带领一帮男同学，今天将宿舍厕所的水管子用手纸给堵上，看着粪便池水漫金山，老师急得跳脚，他却躲在门背后偷着乐；明天把教室的玻璃窗用黑乎乎的墨汁全画上吓人的骷髅头，让一帮小女生尖叫着逃出教室；后天找胶水倒在刘老师的办公椅上，让她总像生蛋的老母鸡般撅着的大屁股粘在椅子上抬不起来……这些恶作剧的事儿刘老师都忍住没有找家长告状，可现在蒜头变本加厉，居然小小年纪就在宿舍里做起生意来了，这让刘老师觉得，是可忍孰不可忍！

蒜头同宿舍有个胖男生叫庞大海，但同学们背后都叫他“胖大海”。胖大海不仅人胖，而且气粗。说他气粗，不是因为他肥胖而气喘吁吁，而是他的口袋里总是能掏出 100 元面额的红色大钞，这在大部分都只有块儿八毛零花钱的同学们中间显得特别财大气粗。

但让同学们对胖大海嗤之以鼻的是他出了名的小气，一毛不拔。所以，他在班上或者同寝室几乎都没有什么朋友。胖大海很孤独，但他依旧很骄傲，因为他知道：我有的，你们没有！

这不，这周回校时，胖大海让自己狠狠火了一把，不仅同寝室的孩子们围着他，而且其他寝室的小朋友也都围着他；不仅男生围着他，连那些小公主小天鹅般从不把他放在眼里的女生也都围着他。

原因是，他带来了一辆紫金漆色光彩夺目的电动遥控四驱车！

寝室长长的走廊成了四驱车的跑道，左奔右突的四驱车在胖大海手中的遥控器指挥下速度飞快，炫目地划出 S 型的弧线，又曲折又流畅，小小的车身像一粒紫红色的宝石，拽住了一双双艳羡的眼睛。

胖大海得意的眼神瞥着周围越聚越多的同学，有一种扬眉吐气的感觉。

有不少同学终于憋不住了，三三两两地向胖大海求情，是否可以借他们玩一会儿。

胖大海的小气不是扬眉吐气就可以改变的，他紧紧捏着遥控器，头摇得像拨浪鼓似的："不行不行，这是我爸爸给我买的，你们根本不知道怎么玩，玩坏了怎么办？你们谁赔得起？"

想玩四驱车的孩子太多了，这玩具大约上市不久，许多孩子还没有见过，谁都想先玩为快！一些迫不及待的男生纷纷跑回自己的寝室拿来各自的玩具，想与胖大海交换着玩。有变形金刚，有机器猫，有游戏机，还有几个女生甚至拿来了她们心爱的芭比娃娃、自己折叠的幸运星……

胖大海神采飞扬地享受着从来没有过的所有人都围着自己的快感，但就是不肯将四驱车借给任何人玩。

一直在旁边看着的蒜头始终没有说话，脑子却在飞快地转动着。

从小到大，蒜头喜欢的大多是鲜活的生命，对制造出来的玩具，他从来兴趣不大。问他为什么？他说那是死的东西，缺少一颗怦怦跳动的心。

现在那么多同学喜欢这个遥控电动四驱车，蒜头不由地上下仔细打量这个紫金色的有赛车风姿的玩具。

蒜头走上前去，拍拍胖大海的肩膀：

"大海，你这车在哪里买的？"

"燕莎。"

"多少钱一辆？"

"178 块。"

蒜头心里马上有底了。"京城四大傻"，其中一傻就是逛燕莎！

蒜头跳到走廊尽头的一张椅子上，挥手叫大家安静。

"大海的车 178 块钱一辆，有谁想买这样的四驱车，到我这里登记。35

块钱一辆！”

刚才还都围着胖大海的男生女生听蒜头一吆喝，一下子扔下这个小气鬼，立马将蒜头紧紧围在中间。这个蒜头，虽然无论在班上还是在宿舍，都很少得到老师的赏识，但他在同学们中间还真是一直都有很高的人气，他的歪歪点子常常是孩子们枯燥的课余生活中一道爽口的水果拼盘。

“蒜头，你说这话当真？”

“蒜头，你怎么可以买到那么便宜的四驱车呢？不会是假冒伪劣吧？”

“蒜头，我若买两辆，能有不同颜色吗？”

蒜头一边有条不紊地回答大家的问题，一边从口袋里掏出纸和笔：

“一个个来，先登记，后交钱。”

同学们很快自觉地排好队，登记、交钱，几乎人手登记一辆。有几个男同学分别登记了两辆。有位父亲是海归的同学，平时为人豪爽，一下子就定了六辆，红黄蓝白青紫。

蒜头回到宿舍，将收来的预付款倒在床上清点。哇噻！1470 元！

蒜头从来没有接触过这么多钱，他不知道自己这一次的灵光闪现，最终能否让自己发点小财，他只是觉得不能让小气鬼胖大海洋洋得意地看全体同学的笑话！不就是一辆玩具汽车吗？有什么了不起的？

虽然蒜头没有十二分的把握，他在自己家楼底下的天意小商品批发市场看到过的电动小汽车和这辆紫金漆的四驱车是不是一回事，但外观没什么两样这是肯定的。北京人称“京城阔少四大傻”，其中一大傻就是到燕莎购物。那是北京地界上富商贵妇云集的场所，同样的东西，一进燕莎柜台，价钱翻几个跟头眼皮都不会眨一下。燕莎卖 178 元一辆的汽车，小商品市场撑死了卖 30 块钱！刨去路费，挣两三块钱一辆应该没有问题。

好不容易挨到周末，蒜头抱着同学们订车的预付款，怕挤公交车或乘地铁不安全，便出手阔绰地打了一回的士，直奔天意小商品市场，花了 18 元车钱。

在玩具柜台，蒜头一眼就从琳琅满目的各色小汽车中发现了这种带金漆色的四驱车。一问价钱，还真跟蒜头的估价相差无几——32 元一辆。

蒜头开始和商贩砍价，买一辆 32 元，那我买十辆呢？三十辆呢？四十二辆呢？

哟！大客户唉！时近黄昏，关门生意若还能做成这么一笔大单，小贩觉得真是喜从天降。可他看看蒜头一个八九岁的孩子，有点不相信这个小毛孩有这样大的手笔。

小贩说："你家大人知道你买这么多车吗？他们同意吗？"

蒜头不屑地一撇嘴："这点小事还要惊动大人吗？"

小贩显然不放心，又问："那你哪里来的钱？"

蒜头底气很足地一拍钱包："放心，钱都在这里，一分也不会少你的。"

几个回合下来，小贩完全被蒜头的胸有成竹征服，很快和蒜头敲定了最终价钱，28 块钱一辆，42 辆，共计 1176 元。收取预付款 1470 元，减去 1176 元，积余 294 元。刨去来回打车成本约 40 元（蒜头觉得来时打车 18 元，但回去万一堵车呢？堵在那儿计价器还是要蹦字儿的呀！得留点富余），真正的盈利应该是 254 元。

这个数字显然超出了蒜头的预算，虽然他的 35 元报价和胖大海的 178 元比起来连个零头都没有，但一下子让他挣 254 元钱，蒜头还是没有心理准备。纠结了半天，蒜头决定和爸爸老咪商量一下。

老咪说，既然获利那么丰厚，你就再给同学们优惠一点罢，32 元一辆怎么样？挣钱不是主要的，让同学们快乐才是你的目的，对吗？

蒜头心中的小算盘噼里啪啦一打，35 元改成 32 元，每辆少挣 3 元，42

辆就少挣126元，254减去126，等于128元。虽然一下子少挣了将近一半，但依然高出爸爸妈妈每个月给的零花钱的两倍多呢！蒜头很高兴，既给了同学们优惠，自己的盈利也很可观，这样的好事情打着灯笼上哪儿去找呢？

蒜头欢天喜地地挑选了各种颜色的四驱车，加上纸盒包装，很庞大的两麻袋。蒜头根本拿不动，最后还是爸爸老咪帮忙，陪他一起打车送到学校。

蒜头一到宿舍就被一片欢呼声包围，定了车的同学按照预订颜色各取所需，并且立马在宿舍走廊里展开了四驱车大赛。

走廊里车来车往，让人眼花缭乱，连宿舍的生活老师都被吸引来观战，同学们的笑声，叫声响成一片。蒜头虽然将汽车背上来累得满头大汗，但他看到同学们脸上开心的笑容，还是觉得快乐无比！

本来这是件几方面都皆大欢喜的事情，问题就出在买六辆车的孩子身上。

六辆车，每辆32元，共计192元。这样的一次性花销支出，对于一个小学生来说，显然过于奢侈。这个孩子提前花完了爸爸妈妈给的钱，只好打电话向家里求救。家长当然诧异，几句话一审，蒜头卖汽车的事情就被黄出来了。

这还了得！卖汽车，做生意！小小年纪就搞这样的歪门邪道，这样的风气不刹，学校里还不弄得乌烟瘴气？该家长的举报电话言辞凿凿有理，罪魁祸首很快就被老师清查出来——蒜头。

弄清了事情的原委，也明白了蒜头所犯的错误，啦啦觉得自己的脑子一下子有点短路。

首先，蒜头这一次动作玩大了，确实出格。第二，蒜头爸老咪在关键时刻不但没有劝阻，反而推波助澜，沦为同犯。第三，因为涉及面太广，已经惊动校外的学生家长，这事还真不能不了了之。

刘老师一脸期待地等着蒜头家长表态，她觉得蒜头妈妈即便不给儿子一顿劈头盖脸的痛骂，起码应该措辞严厉的狠狠批评。这是做家长的责任！

啦啦知道自己应该表态，但不知为什么她却没有马上说话，而是把目光转向温老师，她很想听听温老师对这件事情的看法和处理意见。

没想到，温老师说出的第一句话却让啦啦和刘老师都大吃一惊。

“我觉得蒜头是个人才。”

“温老师你要注意自己的身份，为人师表，说话要注意影响。”

虽然啦啦潜意识中也没有觉得儿子买汽车卖汽车的事有多大罪孽，但她还是觉得小学生在学校里做这样的事情不合适。但温老师的话不但没批评，反而应该算是表扬。这让啦啦意外之余，暗暗吐出一口长气。

温老师说：“蒜头妈妈，刘老师，你们看这样好不好？接下来我正好有两节作文课，我们给学生出一个作文题目，就叫《四驱车风波》。作文前，让孩子们充分展开讨论，对蒜头在学校宿舍里卖汽车的事情，人人发表意见。绳不拉不直，理不辩不明，这事到底应该怎么看，我们把发言权交给同学们。”

温老师的一番话说得啦啦和刘老师面面相觑，虽然两人对温老师的提议心理感受绝然不同，却都异口同声表示赞成。

作文课变成了辩论会，孩子们虽然分成两派，意见相左，但两派队伍的阵营却显然力量悬殊。

以“胖大海”为首的这边，只有三四个同学，说蒜头卖汽车违反校规，挣同学钱是投机倒把；而大多数同学这边，却态度明朗地支持蒜头。大家你一言我一语，都说蒜头利用业余时间跑批发市场为大家买车，花费了时间和劳动，来回打车也付出了成本，虽然一辆车挣了三块钱，但这是蒜头劳动

无照
漏税
利润
这钱还是还给大家吧。
GAME OVER
财富值 = 0 经验值 = +100

所得,应该得到的报酬。

更让刘老师大跌眼镜的是,自己最得意和喜欢的好学生、班长唐晓丽,也一甩小辫子,公然为蒜头说话:一模一样的车,"胖大海"的要178块钱,蒜头的才32块钱,太便宜了,还送货上门,我们大家还要谢谢蒜头呢!

悄悄坐在教室后排旁听的啦啦虽然为大多数同学仗义执言支持蒜头感到欣慰,但她心里其实并不希望事情朝这个方向发展。蒜头还太小,同学们一边倒地拥戴弄得不好就会起副作用,让蒜头以为自己做了一件大好事,以后乐此不疲,那可咋办?

一直在旁边静静地听同学们发言的温老师走到讲台前,说了一番出人意料的话:

"今天的讨论很好,对蒜头在学校卖汽车这件事大家心里都有一杆秤,老师就不说什么了。老师想提醒同学们的是,蒜头在为大家做好事的时候,忽略了两个问题:第一,蒜头是无照经营,非法;第二,所得利润没有交税,偷税漏税。"

温老师说这话时用眼角余光扫了一下坐在窗边座位上的蒜头,只见他小眉头紧锁,有点郁闷的样子。温老师心头一软,有点后悔自己言重了,毕竟蒜头只是个四年级的小学生,他哪懂这些呀?

啦啦心中反倒暗暗为温老师的这番话叫好,觉得这个年轻女教师真是不可小觑。这个世界做任何事情都是有游戏规则的,温老师让蒜头小小年纪就明白这个道理,也打消了自己隐约的担心。

可是,接下来的事情让温老师和啦啦都没有想到。

下课后,蒜头把这回卖车挣的128元钱,全部分别退给了买车的同学。

啦啦看着蒜头从口袋里掏出毛票钢镚儿细细数着,一个一个交到同学手里时,眼眶湿润了。

事后啦啦问蒜头："儿子，你又花时间又赔精力还搭上打车的钱，到头来一无所得，不觉得亏吗？"

蒜头小嘴一撇，很不屑地看着啦啦，说：

"妈妈你真是目光短浅，我还练兵了呢！亏什么呀！"

啦啦的
快乐教育心得

面对孩子的出格行为，家长该怎么办？强行压制是没用的，在一定范围内，放手让他自己去了解事情的运作规则，他的收获会更大。

part 02

杨奶奶粥棚

蒜头奶奶杨老师十五岁就从河北老家来到京城讨生活，一辈子没干过别的，就是在小学里教语文。

那年代，不讲学历，不论年龄，讲课受孩子们欢迎就行。蒜头奶奶在教学实践中摸索出了自己的一套杨氏语文教学法，口碑在京城小教界也是响当当的。

后来，蒜头奶奶虽说当了小学校长，离开了教学岗位，但仍然视教课为最大乐趣，时不时会找机会和理由回到教室，给孩子们上一两堂作文课。

而只要杨老师一上课，教室后面就会坐满了听课的年轻教师，用他们的说法是：偷拳头。

前不久，听说杨老师临近退休，得到消息的家长们就开始纷纷登门，中心意思只有一个，就是希望她发挥余热，给自己的孩子当语文家教。

蒜头奶奶笑眯眯地对学生家长们迎来送往，但从没有松口答应其中任何一人。

有的家长财大气粗，开出的报酬十分诱人，蒜头奶奶也不动心，更不接茬，谁也不知道她葫芦里卖的什么药。

蒜头很以奶奶为荣，但他还是不乐意了。虽然奶奶并没有答应人家，可他知道奶奶嘴上没答应不等于心里没想法。他很担心奶奶真的去给别的孩子当家教，因为蒜头一心想着，奶奶退休以后就有时间给自己做馅饼吃了。

蒜头最喜欢吃奶奶烙的馅饼，那是奶奶所有拿手面食中的一绝。

奶奶的馅饼只用牛街清真寺旁边那家回民肉铺的新鲜羊肉做馅，不用肉铺的绞肉机，奶奶必得自己剁馅，放大葱、生姜、茴香、芝麻等七八种佐料。最绝的一招独家秘笈，只有蒜头知道，那就是拿当年的新鲜花椒炸油，炸出来的油放凉后，再用朝天小红辣椒炸二道，再晾凉，此时撒上十三香，然后用来拌肉馅。那肉馅用这炸过二道的花椒辣油一拌，深红透亮，包的馅饼，搁花椒油烙，出锅就扑鼻香，咬一口，那才叫舌尖上的奶奶呢！

可是奶奶教学太忙了，难得有时间给蒜头烙馅饼。蒜头求上十回，奶奶能给烙上一回就不错了。

奶奶住的小区门口有个馅饼铺，专卖茴香猪肉馅的饼。蒜头吃过一回就再也不愿问津，回家就跟啦啦说，赶明儿等奶奶退休，让她在小区搭个擂台，准保把门口那家馅饼铺灭了！

啦啦把蒜头的话告诉奶奶，奶奶听了直乐，说：“蒜头这是想吃我烙的馅饼了。等奶奶退休，天天给他烙！”

现在好不容易盼到奶奶快退休了，眼看有时间给蒜头烙馅饼了，怎么能再给别的孩子当家教呢？

啦啦和老咪也不赞同蒜头奶奶当家教，他们希望辛劳了一辈子的老人好好在家休息，过过松心的日子，颐养天年。

没想到蒜头奶奶根本不和儿子媳妇商量，连招呼都不打，甚至没有给自己留一刻喘息的时间。退休手续一办，立马在家中开起了一个“杨奶奶作文训练班”，一下子就招收了几十个孩子。

原来奶奶的心很大，她不想小打小闹地当家教，而要正儿八经开班招学生。

等老咪啦啦和蒜头知道时，木已成舟，训练班早就开课了。

奶奶家中地方小，两室一厅的房子，南屋大一些，蒜头爷爷走了以后，平时一张大床就奶奶一个人睡。北屋只有九平方米，放了两张单人床，是给儿子老咪和孙子蒜头留着的，若是啦啦偶尔留住时，就和蒜头奶奶共一张床了。

唯独可以给孩子们上课的地方，只有南北两房中间那个不大的厅了。

厅有八九个平方米，平时既是客厅又是餐厅。奶奶将折叠式的餐桌一撤，可以摆放二十几张塑料凳。奶奶将招收的几十个孩子分成两个班，上午一个班，下午一个班。

老咪、啦啦和蒜头几次回来看奶奶，坐没地方坐，站没地方站，闷在留给老咪和蒜头的小屋里，那叫一个憋屈，上个厕所都得穿厅而过。

想到自己撒泡尿拉个屎，门厅里有那么多双耳朵竖着听“唱歌”，老咪便秘了，蒜头憋尿了，啦啦连水都不敢喝了。

久而久之，老咪、啦啦和蒜头上奶奶家的次数越来越少，到后来，连双休日大家都叽叽歪歪不一定去了。

奶奶很孤独，爷爷走了以后，奶奶心里空落落的。给孩子们上课时还不觉得，等孩子们一下课，呼啦啦都走了，奶奶就觉得房间里空空荡荡冷冷清

清的，好寂寞。

奶奶给蒜头打电话，说："奶奶想大孙子了，叫爸爸妈妈带你来看奶奶噢！"

蒜头小嘴倍儿甜，说："我也想奶奶了，爸爸妈妈也想奶奶了，可我们来了没地方坐啊！你也没时间和我们说话，你不得上课的吗？"

"奶奶上课才多长时间？这不是你们不来看奶奶的理由！"

"那我要吃奶奶烙的馅饼，奶奶你有时间给大孙子烙么？"

"烙，奶奶当然有时间，这个周末奶奶就给你烙！买牛街的羊肉，周末你和爸爸妈妈一定要来哦！"

到了周末，老咪、啦啦带着蒜头去奶奶家，路上老咪给奶奶买了好多猕猴桃和香蕉，奶奶牙口不好，吃不了硬的水果；啦啦则给奶奶买了一对羊毛护膝，一双驼绒棉鞋，眼看冬天就要来了，奶奶的老寒腿病最怕着凉了。

蒜头给奶奶买的礼物可是费了一番心思。

奶奶自爷爷走后，不知从什么时候开始抽烟了。老咪劝过几次，可是没用。奶奶说："你自己抽得那么凶，还说我呢！"

啦啦说："他奶奶心里憋得慌，抽烟通气，少抽一点，没事。"

蒜头发现奶奶抽烟总是到厨房烧着煤气点烟，多不方便啊！所以，蒜头专门去了他特别熟悉的小商品市场，给奶奶挑了一个大红色高帮靴子造型的打火机，十分可爱。他要把打火机送给奶奶，这样奶奶就不用烧煤气点烟了。

进家门时，奶奶正在厨房里和面呢，一大盆深红透亮的羊肉馅已经拌好，案板上嫩黄的姜丝和白绿相间的葱末也都切好，只等包馅饼时再往肉馅里拌。奶奶说，拌早了，肉馅容易出水。

奶奶烙馅饼时，老咪用奶奶亲戚刚从老家带来的新鲜棒子碴，熬了一大锅金黄色的棒碴粥。啦啦则切了一盘自己做的四川泡菜，白色的包心菜，红色的胡萝卜、绿色的莴笋和芹菜，用小磨香油和味精一拌，酸脆爽口。蒜头则跟在奶奶身后，吸着鼻子不断地叫："舌尖上的奶奶哎，香！真香！"

等到面皮焦黄油汪汪的馅饼出锅时，棒碴粥已经盛好上桌，一家人老少三代其乐融融地围着餐桌，吃着香喷喷的羊肉馅饼，喝着甜丝丝的棒茬子粥，就着脆生生的泡菜，那叫一个爽！

奶奶说："回头我就把作文培训班停了，你们说的没错，我都这么大岁数了，教了一辈子书，该好好歇歇了。以前工作忙，没时间给蒜头烙馅饼吃，现在好了，以后有的是时间，奶奶除了给你烙羊肉大葱馅的，还要给你烙韭菜鸡蛋虾皮馅的，西葫芦粉丝海米馅的，奶奶会做的馅多着呢！"

这以后，老咪啦啦和蒜头回奶奶家的次数大大增加，有时候国定小长假去，还会在奶奶家住上一两晚，有时候四人正好凑一桌麻将，还可以打牌，玩小二升级。

奶奶还兑现了她的诺言，回回都给蒜头烙馅饼，每次馅儿都不带重样的，但蒜头最最喜欢吃的还是大葱羊肉馅的。

可是，没多久，细心的蒜头就发现，他们每次去的时候，奶奶都很开心，但每次离开的时候，奶奶的神情就有些黯淡。

蒜头想，爸爸妈妈平时都要上班，自己又天天都要上学，他们不可能老是陪着奶奶。可是奶奶没有了爷爷，她一个人的时候确实很孤单。

蒜头突然明白了，奶奶退休后为什么要在家里办作文培训班，其实奶奶也不一定是教课上瘾，更不是为了挣那点学费，奶奶其实是害怕一个人在家呆着呀!

那天离开奶奶家后,蒜头就对老咪和啦啦说:“放暑假时,我要去陪奶奶住,奶奶一人太孤单了!”

这正中老咪和啦啦下怀,一来假期里蒜头的吃饭和功课管理督促有了着落,二来奶奶有蒜头陪着也不会闷得慌了,这不一举两得么?

蒜头说到做到,一放暑假就整理了一只小箱子搬到奶奶家。

奶奶心里乐开了花,每天给蒜头烙馅饼。

有一天,蒜头对奶奶说:“奶奶,馅饼我吃腻了,我想去全聚德吃烤鸭。”

奶奶说:“那还不好办,咱今儿就去王府井,吃最正宗的全聚德烤鸭。奶奶请客!”

祖孙俩兴冲冲地来到王府井,直奔全聚德,到门口一看,倒抽一口凉气。等着吃烤鸭的人排出一条长龙去,每个排队者手里还拿着号,蒜头一看,已经排到一百多号了。

奶奶说:“听听那口音,天南海北的,咱北京人就别凑热闹了,把北京烤鸭让给外地游客吧!”

蒜头虽然觉得有点扫兴,但他也不想排队,便说:“奶奶,那我们去东来顺吃涮羊肉吧?”

“行。”奶奶知道蒜头肚子里的小馋虫爬上来了,她是铁了心要请大孙子一饱口福。

没想到东来顺里也是人头攒动,每个座位后面几乎都站着等候的人,那阵势,没有一两个小时,甭想抢到一张桌子。

奶奶和蒜头面面相觑,只好很无奈地走出东来顺。

此时，蒜头的肚子已经饿得咕咕叫了，他只好降低要求，对奶奶说："奶奶，这时候要是能吃上你烙的馅饼，再来一罐冰镇可乐，那我就别无所求了！"

祖孙俩从王府井步行街的这一头走到那一头，反过来又从马路的另一面的那一头走到这一头，走得脚脖子都累歪了，也没有找到一家卖馅饼的。偶尔碰上一两家沙县小吃、西安肉夹馍什么的，也要排队等候不说，那脏乎乎油腻腻的桌椅案板看着就让人倒胃口，更别说坐下来吃了。

奶奶被孙子拽着走了那么多路，也累得够呛，两人在东安市场边的马路牙子坐下来，呼哧呼哧喘大气。

奶奶说："这么大个王府井，想要找口吃的怎么就那么难呢！外地的游客为了整口吃的，把玩儿的时间都耽误了！"

蒜头肚里唱着空城计，更加想念奶奶的羊肉馅饼。他看着王府井满大街熙熙攘攘的人群，小脑瓜一转，忽然想：若是让奶奶到王府井来开个馅饼铺，那肯定打遍天下无敌手，生意肯定会火爆！

在蒜头眼里，奶奶教作文，观念已经过时，那套时间、地点、人物的老三样作文元素早就老掉牙了！可奶奶烙的馅饼绝对不会过时，那可是老北京的名小吃，加上奶奶河北老家每年送来的新鲜棒子碴熬粥，配上自家做的四川泡菜，没准会成为王府井一景呢！

自从关闭了"杨奶奶作文训练班"以后，蒜头看得出来，奶奶心里其实很没着没落的。爸爸妈妈要上班，自己要上学，大家都不可能整天陪着奶奶。假如真能开一个馅饼铺，让更多的人能尝尝奶奶烙的馅饼，不仅奶奶会有成就感，而且自己吃馅饼不也更加方便了吗？

蒜头把这个想法和奶奶一说，奶奶也一下子兴奋起来。祖孙俩胡乱在街上每人吃了一碗兰州拉面，就急匆匆地招来老咪和啦啦商量此事。

老咪和啦啦很吃惊，他们猜测这肯定是蒜头出的鬼主意，但细想想，此事说不定还真可行。不过，王府井的地界儿寸土寸金，租个铺面价码奇高，而且要在这样黄金地段的商业街找个房子也不是三两天的事。

蒜头觉得爸爸妈妈的话有道理，但万事开头难，难就一步一步克服呗！既然奶奶想干这事，是不是可以先在小区里试试水。小区居委会不是一直为小区上班族吃早点的事情烦心吗，没准还真会支持这事。

果不其然，蒜头陪奶奶到居委会一说这事，居委会主任连连叫好。小区门口那几辆黑早点流动餐车，鸡蛋灌饼用的地沟油，豆浆牛奶掺水。居委会早就有心整治，可驱逐了这些黑早点，上班族吃什么呢？杨奶奶的馅饼手艺大家都知道，更主要的，杨奶奶的为人在小区是有口皆碑，她要开店，绝对货真价实！

几个月后，一家叫“杨奶奶粥棚”的小饭店在小区居委会的积极支持下开张了。

之所以叫“杨奶奶粥棚”，而没有取名“杨奶奶馅饼”完全是蒜头的主意。

蒜头说了三条理由，让奶奶和爸爸妈妈都大跌眼镜。

蒜头说：

第一，奶奶馅饼灭了小区里的那家馅饼铺是早晚的事，既然胜券在握，就不要剑拔弩张，针锋相对了。低调一些，迂回包抄，反而能从侧面攻下山头。咱们叫粥棚，看似喝粥为主，搭配馅饼，其实光喝粥不能饱肚，必得吃几个馅饼才算果腹。奶奶说过，包子好吃不在折上。奶奶开粥棚，卖馅饼，这才是名字内敛，内容强大呢！

第二，小区居民最缺的是早餐，馅饼在大家眼里有点油腻，不适合当早餐，而喝粥绝对是老北京家家户户的早晚餐都不可缺少的。等你进门坐下

杨奶奶粥
杨奶奶粥棚

喝粥了，杨奶奶馅饼的香味，又有谁能抵挡得住呢？

第三，北京城里的“宏状元粥”现在名头很响，可它无论是咸味的皮蛋粥、鸡肉粥、鱼片粥；还是甜味的红豆粥、绿豆粥、八宝粥，全部都是大米粥。现在不是提倡养生吃杂粮吗？杨奶奶粥棚专供新鲜的棒子碴粥，独家、环保、健康。

蒜头振振有词的三条理由打败了老咪和啦啦的种种建议方案，最终赢得奶奶青睐，拍案定局。

啦啦怕奶奶太累，说服小时工小刘辞去家政工作，给奶奶打下手。

蒜头则给小刘阿姨描绘“杨奶奶粥棚”的灿烂远景：“奶奶年纪大了，做不了几年，小刘阿姨，你要是用心把奶奶的馅饼手艺学到手，将来这个馅饼店绝对是要开到王府井去的，那时候老板娘肯定就是你啦！”

老咪支持蒜头奶奶开这个粥棚也就是给老太太找个乐，哪能让老太太烟熏火燎的真成天烙馅饼啊！所以也拼命鼓动小刘学好手艺，勇当接班人。

小刘到北京打工，最大的梦想就是将来在这个城市里开一个自己的小店。现在天上掉馅饼，小店梦想距离自己一步之遥，而且将来还要进军王府井，这样的美事儿打着灯笼也难找啊！她相信这是蒜头带给她的好运！

杨奶奶粥棚开张后生意火爆，不但小区里的居民都爱吃奶奶烙的馅饼，连小区外的左邻右舍都赶过来喝粥吃馅饼。

奶奶忙得充实，累得开心，不仅心情大好，整天乐呵呵的，闲下来还教小刘写作文。

半年后，小刘在奶奶指导下写的一篇散文《杨奶奶粥棚》，居然在一家报纸上登了出来，散文结尾处，小刘说出了杨奶奶粥棚进军王府井的梦想。

蒜头说:“小刘阿姨,你将来若是当了作家,可别忘了是我奶奶教你写作的哦!”

小刘开心地刮了一下蒜头的鼻子,说:“你不是说你奶奶的作文教学法过时了么?怎么能把我教得都能发表作品了呢?”

蒜头挠挠脑袋,他也没有想明白。他唯一感到高兴的是,粥棚开张后,奶奶是越活越年轻了。而且,现在他想吃馅饼了,只要走进杨奶奶粥棚,叫一声:“奶奶,来四个羊肉馅的!”一切就OK了。

啦啦的
快乐教育心得

当孩子表现出对家庭事务的热心时,积极鼓励他参与,让他能从中体会到决策的重要性。

part 02

胎死腹中的GG

蒜头的卧室里突然间挂起了一张尺寸不小的美女照片，着实让啦啦吓了一个后滚翻。

那美女有点中性风格，穿着紧扣袖口的灰蓝条纹全棉衬衣，一件黑色掐腰小马甲。乌黑的青丝在后脑勺盘了一个发髻，光洁的额头上不挂一丝刘海。两道剑眉高挑，一对杏眼目光如炬。

美女的打扮倒让啦啦觉得还算入眼，不是那种翘臀露脐闪胳膊飞大腿犯二的俗女孩。只是蒜头小小年纪，房间里就挂一张美女照，啦啦心里总是有点犯嘀咕。

如今的孩子个个都是人精，男女情事上比爸妈那一代人早熟，这点啦啦有足够的心理准备。可蒜头堂而皇之在床头挂大幅美女照，这也太超前了吧？小屁孩才多大呀？

蒜头多精一孩子啊，啦啦眉毛动一动，蒜头就知道她肚子里哪根肚肠在弯弯绕，哪根肚肠在打结头。

蒜头说:“妈妈,这是我的偶像,她叫车侑蓝,韩国美女。”

啦啦脸上不动声色,心里却说:“心够野的!哈韩哈的吧?”

看来蒜头正处在男孩向男人过渡的阶段,男人喜欢美女,不分年龄段,也正常。可是,儿子你在班上找个漂亮女生玩一把早恋,妈妈也就睁一只眼闭一只眼了,你这弄个跨国美女做梦中情人偶像,还真不是盏省油的灯!

虽然啦啦没把心里的话说出来,蒜头却像啦啦肚子里的蛔虫,对啦啦的心思了如指掌。他知道妈妈误解了照片上的美女,不想再让妈妈焦虑。他诡秘地笑了笑,指着照片上美女手中的长棍,对啦啦说:“妈妈,你别想歪了!车侑蓝是国际著名的斯诺克顶级高手,这张照片是她来上海参加比赛,我去观看时求得的签名照。你看,这里是她的签名。”

啦啦对斯诺克一窍不通,当然不知这位车侑蓝是何许人也。但蒜头这么一说,她还是松了一口气。此偶像非彼偶像,原来是个运动员美女,这就另当别论了。

可是,没过多久,啦啦放松的神经又绷紧了。

蒜头读高中时,啦啦工作调到了杭州,蒜头也转到杭州一所住宿高中上学。他就读的学校是省级重点高中,管理很严。南北两个校门都有保安严格把守,不得随意进出。住校生要出校门,必须有班主任写的出门条和亲笔签名。

蒜头曾经在学校周边踩过点,知道周边有两家不错的台球房。尤其是一家名叫“GG台球房”的,规模虽然不大,统共只有八张台球桌,但球房宽敞、干净,照明很好。更让人心情愉悦,大饱眼缘的是,这家台球房有四个引球小姐,个个明眸皓齿,青春靓丽。

这家台球房的生意奇好,八张桌子几乎没有闲置的时候。而离“GG台球房”不远的“仔仔台球房”，规模比“GG”大，球桌比“GG”多，但生意却明显清淡。

蒜头只去“GG”打过两次球，出色的球技就让台球房老板对他客气无比，说：“小鬼，有空就来这里打球，不收你钱，你只要陪那些球客一起练球就行了。”有一次，老板甚至还给了蒜头50块钱，让他买饮料喝。

蒜头本来因为每次去台球房消费不菲，啦啦给他的零花钱又可丁可卯，几乎没有富余，也不敢随心所欲地打球。GG老板这么痛快，无疑煽起了他更大的打球欲望。

每天下午一下课，蒜头心里就痒得不行，恨不得立马飞出校门，到GG台球房挥杆击球，打个痛快。

蒜头几次三番地混在走读生放学的人流里，想神不知鬼不觉地溜出学校。可是，也不知道自己哪里让校门口值班的保安挂上号了，每一个保安的眼睛都像探照灯一样盯着他扫射，每次都能将他从穿着相同校服的人群中拎出来，赶回去，没有一次侥幸漏网。

被抓住的次数多了，保安自然告状告到蒜头班主任那里。

班主任金老师是个怀着孕的准妈妈。教高中的孩子本来压力就大，加上金老师怀孕头三个月反应特别厉害，心里搓火，碰上蒜头违纪这档子事儿自然借题发挥。

金老师不但罚蒜头做三天值日，打扫教室，还一个电话将出差在外地的啦啦火速召到学校。

啦啦心急火燎地赶到年级办公室时，金老师正放着胎教音乐喝安胎药。

金老师倒是不像学生处G处长那样凶巴巴，但和颜悦色的批评，分量一点不比G处长轻。

几句话一说，啦啦就知道蒜头又犯事在台球上。一瞬间，啦啦甚至想，自己是不是真的应该思想再解放一些，让蒜头去专业训练台球？

蒜头这回倒是没有犟头倔脑，他看到啦啦满头大汗地赶到学校，心里还是有点心疼妈妈。蒜头说："妈妈，我错了。我再也不会违反纪律溜出学校去打球了，你放心！"

轻易不肯认错的蒜头能说出这样的话，啦啦心里很安慰，她不忍心再批评儿子，嘱咐了几句，又给金老师道歉作揖说好话，然后就走了。

半个月后，中秋小长假。啦啦本想带蒜头去朋友在乡间买的农家小院度假的，但蒜头说，他已经和同学约好，去义乌小商品市场做考察。

啦啦撇嘴一笑，觉得"考察"二字有点矫情，从蒜头这样一个十几岁的孩子嘴里说出来特别滑稽。但转念一想，义乌小商品市场如今举世闻名，光是在那里做生意的老外就有四五千人。蒜头从小就显露商基因苗头，让他早早接触一下国际化的商业前沿市场，恐怕也不是什么坏事。

于是啦啦就和老咪商量，慷慨同意中秋节放蒜头一马。只是临了啦啦突然心里没来由地有点不踏实，于是附加了一个小小的条件，回来后写一份考察报告，字数不限。

后来的事情证明，啦啦潜意识中对蒜头的中秋之行有疑惑，绝对不是杞人忧天。只是当时她理智地将疑惑的小豆芽掐断了，她觉得信任孩子是最重要的。

没想到啦啦当时灵机一动要求的小小的附加条件，后来成了戳穿蒜头谎言的导火索。

中秋节之后，啦啦几次三番问蒜头讨要考察报告，蒜头总是吞吞吐吐，王顾左右而言他。

啦啦最初的判断是蒜头又犯懒，这孩子一写作文就头疼，让他写相比较更枯燥的考察报告，推三阻四完全在啦啦意料之中。

但啦啦历来奉行言必行，行必果。一言既出，驷马难追。

蒜头迟迟交不出考察报告，这反倒让啦啦本来随口一说的附加条件成了必须完成的功课和任务。见蒜头一次，催蒜头一次。

蒜头显然没有想出应对的招数，啦啦一催，他就唧唧歪歪。

啦啦不禁心生疑云，开始下意识地捕捉蒜头反常的蛛丝马迹。

结果，啦啦洗衣服时，从蒜头裤子口袋里发现一张从杭州到北京的火车票，立马暴露了臭小子中秋节的隐秘行踪。

“老实交代！三天时间，花好几百块钱的车票来回折腾，干什么去了？”

其实，啦啦早就在脑海里给这空白的三天描画了种种想象图：追喜欢的小女孩；和要好的同学结为驴友出游；昏天黑地地打台球……左想右想，就是没有想到蒜头会胆子大到独自一人跑千里之外的北京去。

凭啦啦对蒜头的了解，儿子肯定遇到了大事，否则，他绝对不会舍得花几百块钱千里走单骑。

然而，蒜头最终的交代，还是最大限度地突破了啦啦的想象，让她目瞪口呆。

原来“GG台球房”的老板娘是个出了名的醋坛子，不但多疑，而且脾气暴烈。

GG老板聘请的四个引球小姐，本来是征得老板娘同意，并亲自面试过，觉得没有狐狸精嫌疑，才最后录用的。

没想到四个引球小姐花容月貌且能说会道，确实让球客赏心悦目，对生意的红火功不可没。GG老板一高兴，除说好的工资外，给她们每人每月增加了500元奖金。

这下打翻了老板娘的醋坛子，到台球房撒泼打滚，要老板立马辞退四位引球小姐。

老板是个厚道人，觉得四个小姑娘工作尽心尽职，也没犯错，更重要的是她们来了以后，台球房的营业额直线上升，这种情况下辞退人家实在没有道理。

老板娘刚给老板生了个大胖小子，母凭子贵，说话十分气粗："给你两个选择，一是辞退四个引球小姐；二是台球房关张。"

老板牛脾气上来也寸步不让，他知道其实台球房生意好以后，老婆数钱时还是心花怒放的。既然你不管我挣钱辛苦，也别怪我堵死你的财路！

他气哼哼地对老板娘说："关张！台球房的钱挣了也是给你花，不挣更好！我明儿就把台球房卖了。"

"卖了更好，谁怕谁！"老板娘寸步不让。

老板和老板娘吵架这一幕被蒜头从头至尾看在眼里，他先是看热闹，后是动心，接下来就开始打听老板是不是打算真卖，若真卖，底线多少钱出手？

夫妻吵架一旦顶上了牛，结果大多是两败俱伤。老板娘的真正目的其实就是辞退引球小姐，而老板觉得，我一心为老婆孩子挣钱还要遭猜忌，这台球房非卖不可。

见卖台球房的事情基本大局已定，蒜头心里似有一头小鹿在砰砰乱跳。他在"GG台球房"打球不是一天两天了，对这里的情况了如指掌。

这个台球房地处闹区，客流量大，地理位置好，交通方便，门口有数趟公交车，若是自驾，附近有个很大的停车场。更主要的是，台球房不远有学校，有写字楼，学生和白领现在都视打台球为时尚，客源完全有保障。

老板是个说一不二的人，既然决定了要卖台球房，那就是板上钉钉，绝无反悔。为尽快出手，潜意识也是想气气老板娘，出口报了一个低价：30万，连下半年四个月的房租、台球房装修、加上所有设备、器具等一应家伙什全部奉送。

蒜头听之倒抽一口凉气，觉得老板脑子进水了，这也太便宜了！

蒜头小脑瓜子一转，他想自己当这个台球房的小老板。不就30万么？也不是什么天文数字，拉几个志同道合的股东根本不是什么难事。现在哪个孩子积攒的压岁钱没个三万五万？蒜头自己从小每年爷爷奶奶外公外婆七大姑八大姨加上其他爸爸妈妈朋友给的压岁钱，存在卡里估摸着也有七八万了。但是，蒜头的钱都存在北京，蒜头的铁哥儿们也都在北京。

这就是蒜头利用中秋长假瞒着啦啦偷偷回北京的真实原因。

小子千里走单骑，原来是回北京筹钱拉股东去了！

听完蒜头的坦白交代，啦啦心惊之余，觉得蒜头在自己眼里变得十分陌生。她不知道该怎样评判还在上中学的儿子想当台球房老板的疯狂念头；她也无法把握，在知道事情真相后，自己应该做出怎么样的回应？

一切都大大偏离了寻常的轨道，一切都让你觉得黑已不是黑，白也不是白。

批评似乎是苍白无力的，夸奖显然也不符合啦啦对事物的认知，可若是什么也不说，那还有什么是非原则？

啦啦在心里纠结了半天，最终吐出的话，连她自己都觉得声音怪怪的：

要是事先和妈妈说说、结局也许会不同……
¥30W

“你……筹到钱啦?”

“嗯。”

“真的把 GG 买下啦?”

“晚了一步。我筹到钱赶到 GG 时,老板刚刚和人签了买卖合同。”

看得出,蒜头心情有点沮丧。

这实在是一次很好的商机,蒜头与 GG 失之交臂,让一个美丽的梦想胎死腹中。啦啦也在心里为儿子感到惋惜,虽然她觉得自己不应该产生这样的念头,但这个念头却执拗地盘旋在脑海。

啦啦问自己:你这是怎么啦?难道你真的愿意你的儿子成为一个台球房的小老板么?

啦啦知道自己对蒜头的期望远不是这样的,但她却在心里告诫自己:你想让孩子成为什么不重要,孩子想要什么才是最重要的。

蒜头舍近求远跑到北京去筹钱,却不愿意开口将自己想做的事情和最亲近的妈妈商量,这无论如何都说明孩子的心门还没有对自己完全打开。

不能怪孩子欺骗了自己,而要想一想,是什么让孩子对你筑起一道篱笆?

想到这里,啦啦对蒜头说:“你为什么不向妈妈借钱呢?如果你向妈妈开口,你就不会错失良机,GG 也许就是你的啦!”

蒜头惊愕地看着啦啦,半天没缓过神来。

啦啦的
快乐教育心得

你想让孩子成为什么不重要，孩子想要什么才是最重要的。

part 02

消失的松果

有一段时间，蒜头迷上了网购，他发现这是一个能方便快捷获取自己想要的东西的渠道。

以前自己想要买什么东西，最头痛的就是跟爸爸妈妈要钱。每一次为自己争取买东西的碎银时，蒜头都要动足脑筋，想出种种能得到老咪和啦啦应允的理由。

蒜头一般不会在老咪和蒜头同时在场时开口要钱，他觉得分而治之、各个击破似乎成功率更高。

蒜头问老咪要钱时，老咪总是问："干吗使啊？"

蒜头最烦的就是这句话——"干吗使"！我干嘛一定要告诉你呢？我为什么就不能有自己的小秘密呢？

啦啦一般不问蒜头要钱干嘛，但从啦啦手里要钱似乎更难。啦啦应对蒜头的办法是——按规矩办事。

蒜头每月的零花钱是 50 元，啦啦觉得蒜头的一应开销都有爸爸妈妈买单，这 50 元零花钱就是满足你不想让爸爸妈妈管辖的私人秘密花销的，没有特殊情况，蒜头不应该再提额外要求。

可是，随着年龄的增长，蒜头的特殊情况也慢慢多了起来，比如，想和漂亮的梅小鹿去看电影，这当然得他买票请客啦；比如，想吃香喷喷的麦乐鸡和甜蜜蜜的苹果派，再来一杯大号的冰镇可乐，一个月的零花钱就所剩无几了；再比如，蒜头想去台球房打几局过把瘾，口袋里若没有个几十块钱，门儿都不敢进；还有自己早就看好的钓鱼杆……

蒜头想，假如自己能挣钱，就不用回答老咪诸如"干吗使啊"这样弱智的问题，也不用和啦啦讨论如何合理使用零花钱，预算外支出是否属于额外要求等等无聊的话题。

可是，小孩子挣钱谈何容易！从买卖四驱车小试牛刀开始，到想开台球房胎死腹中，蒜头对挣钱之事几乎已经不做他想。要走捷径，还得和老爸老妈斗智斗勇。

很快，蒜头就发现了一个秘密，网购是一个可以让自己变相从爸爸妈妈口袋里掏钱支付的绝好途径。

现在网购方便、快捷，商品齐全，挑选范围广，让这一新兴的购买方式非常风靡。大到汽车房子，小到针线发卡，几乎没有什么东西不能在网上下单购买。尤其吸引买家的是，有的网购平台提供货到付款方式，商品可以送货上门，等你开箱验货满意后，再当面付款。

让蒜头乐不可支的是，他那些需要额外支出的特殊情况，诸如电影票、麦当劳消费卷、台球房年卡季卡月卡等等等等，不少网店都有销售，而且可以先下单，送上门，后付款。

蒜头小脑瓜一转，发现其中有空子可钻。他尝试着在双休日在家下单，下完单他就返校了。等到住校一个星期以后再回家，人家早就送货上门了。验货付钱，蒜头不在家，送货单上清清楚楚写着蒜头的名字，无论老咪还是啦啦，只好照单付款，谁在家，谁掏钱。等蒜头回来，钱都已经付了，还能让他吐出来？最多也就数落两句，还能咋地？

一回得手，蒜头开始乐此不疲。但很快地，他的乐趣已经不在购买东西，而是在各类网店上窜进窜出，由此了解了各种各样网店的信息，他发现这里简直是个五彩缤纷的万花筒世界。蒜头甚至异想天开，有朝一日自己也能在网上开个蒜头宠物网店，专卖巴西龟、寄居蟹、蜗牛、蟋蟀之类的袖珍宠物。

啦啦有一位闺蜜，也是蒜头的干妈，在运河边开了一家名叫“一朵云”的书吧。

蒜头觉得干妈很幼稚，如今这年头，还有多少人会在书吧里安安静静地看书呢？

书吧开张时，啦啦带着蒜头去给他干妈贺喜。

虽然书吧门口摆满了祝贺的花篮，但书吧里面稀稀拉拉，门可罗雀。

出了书吧，蒜头就对啦啦说：“干妈惨了。书吧肯定赔钱！”

果然，没过多久，干妈就跑来和啦啦叹苦经，说书吧开张后客人很少，月月赔钱，这样下去早晚得关门。有人劝她把书吧改成酒吧，廉价聘一两个不出名的驻唱歌手，唱点年轻人喜欢的流行歌曲，或者放点摇滚乐，再搭着卖点果盘、点心、饮料、情侣套餐之类的，就算赚不了大钱，起码不会亏本。

但干妈是文人，骨子里还有一份清高，对这样的建议很不屑。她以前好歹也是一家媒体的记者，若不是因为年纪大了，吃不消跑来跑去采访，活得很率性的她才一跺脚辞了公职，开起了这家装修别致，很有情调的书吧。如果不辞职，她说不定已经是那家纸媒的记者部主任了。多年濡养的品位和心性，让她无论如何也不肯将自己的书吧沦为酒吧。

可是，浪漫情调不当吃不当喝的，干妈没有了记者的身份，充其量也就是个小老板娘。没人来泡吧，你再心高气盛，全是瞎掰。

干妈为了拓展书吧经营，也想了很多招数：放一些如今电影院里找不到的怀旧经典老片；组织文艺青年举办诗歌朗诵会；找几个正宗老外辟出一个英语角；请来小说家开讲座谈创作……

啦啦也曾经有过开书吧的梦想，她很羡慕闺蜜有勇气抛弃铁饭碗先走一步。于是一有空就带着蒜头去“一朵云”帮忙，用自己在文化圈内的资源和人脉帮“一朵云”搭场子。

蒜头对啦啦说：“你们大人真的是要OUT了，干妈和你整的这一套没用。”

啦啦问蒜头：“那你觉得怎么样才有用呢？”

蒜头没说话，歪着脑袋看天，眼珠子滴溜溜转。

正是深秋时节，运河边上的梧桐树飘落着金黄的深红的落叶，风儿吹过，金黄深红的树叶飘起来又落下去，凉爽的空气里有甜甜的桂香。

蒜头说：“妈妈，你看过一部获奥斯卡提名奖的动画片吗？片名叫《消失的松果》。”还没等啦啦回答，蒜头又说：“前几天我又在网上看到一段视频，叫《消失的童年》。妈妈，你们小时候玩的东西现在怎么都没有啦？”

啦啦没有看过蒜头说的视频，她也不明白蒜头为什么会突然间问起爸爸妈妈小时候玩过的东西，但凭着她对蒜头的了解，这小子又要出什么幺蛾子了。

果然，蒜头提出了要求：“秋天的大山最美了，我也想安吉的大毛叔叔了。妈妈，周末我们去安吉大山里转转吧！”

啦啦的善解人意，就是从来不会对蒜头突然冒出来的想法刨根问底。她总觉得天马行空想起一出是一出的孩子往往更具创造力，他们的小脑瓜里总会时不时冒出一些古怪奇妙的念头，这也不是什么坏事情，只要在能力允许的范围内，尽量满足孩子的愿望，应该是每一个做父母的责任。

蒜头看到久违的大毛叔叔欢呼雀跃地扑上去，好久不见的小狗阿苏围着蒜头撒欢儿。

蒜头抱起阿苏安抚了一会儿，就把大毛叔叔拉到一边，神神秘秘地咬了半天耳朵。

大毛诡秘地看了啦啦一眼，一挥手，说："大山里没有金银财宝，有的就是大自然馈赠的奇花异果。走！我带你们去黑松林，上次你们来时间太短，没有去黑松林，这次一定要在那里好好玩一玩！说不定你们就不想走了。"

啦啦和蒜头坐上大毛叔叔自己开的皮卡车，在凹凸不平的山路上开了大约半小时。一边是绿波盈盈清澈见底的水库，一边是高耸入云嶙峋陡峭的大山，山风的清冽和水气的温润，裹狭着松木的味道，丝丝缕缕沁入心肺。

皮卡翻过几个山包后，眼前豁然开朗。一大片黑松林扑面而来。密密匝匝的黑松树，一株株挺拔的身姿，一顶顶叠加的树冠，一层层龟裂的树皮，一阵阵呼啸的松涛……

最让蒜头和啦啦开心的是每一棵黑松树脚下，都有大片密匝匝的松果，大的有拳头那么大，小的也有鸡蛋那么大。深褐色的松果大部分已经风干，炸裂开菊花似的花瓣，乳白的松子不知道滚落到什么地方去了，挺拔硬朗的花瓣却昂扬向上，呈现出一种古朴老旧，带点沧桑感的美丽。

啦啦一看就喜欢得不得了，她想到自己书桌上的竹茶排还放着夏天摘的干枯的莲蓬，若换成这样沧桑的松果，那不就是把秋色装进了书房么？

在蒜头眼里，松果完全又是另外一种风景，他一会儿叫道："妈妈，你看这颗松果像不像一件蓑衣？"一会儿又摘片松叶扣在一颗大松果上嚷嚷："妈妈，你看它像不像老渔翁啊？"

啦啦很佩服蒜头的想象力，她觉得自己只能发现和感知松果的美，而蒜头简直是能创造松果丰富的潜在的各种可能性呢！

啦啦捡了几颗硕大的松果准备带回去装点书房，没想到蒜头却让大毛叔叔找来两条麻袋，捡了两大麻袋松果要带回去。

啦啦不解："儿子，你这是要干嘛，这东西拖回去搁哪儿呀？"

蒜头神秘地和大毛叔叔一挤眼，什么也不说。

松果拖回家后，啦啦听到蒜头在客厅给他干妈打电话，叽里呱啦的，啦啦当时在厨房里炸鱼，也没有听清楚蒜头在说什么。

之后一段时间的双休日，蒜头几乎就没有在家待过，奔进奔出，忙得屁颠颠。

啦啦问："儿子忙啥那？"蒜头总是说："没忙啥。"

期间啦啦给蒜头干妈打电话，想过去看她，蒜头干妈却总是支支吾吾说改天吧。

啦啦觉得有点奇怪，蒜头干妈好久没找她叹苦经了，莫非生意有起色？想问问，自己工作一忙，也就顾不上了。

没过多久，圣诞节到了。蒜头干妈提前一天打来电话，邀请啦啦到"一朵云"书吧过节。临了加一句："蒜头你就别管了，我自己邀请他。"

圣诞节那天，啦啦特意提前下班，专门去百货大厦给老朋友挑礼物。她知道自己这位闺蜜很挑剔，一般东西看不上，所以专门去了西溪湿地的一家陶艺博物馆，买了一套造型古朴典雅的陶艺茶具，外加一个鸡翅木的茶海，想着或许能给老友的书吧增添一点人文气息。

等到啦啦走进一朵云书吧时，哇塞！真有点惊着了，这里俨然是个松果的世界！

四棵高大的圣诞树上挂满了大大小小的松果，松果上面缀满了亮晶晶的幸运星，在灯光下炫发出迷人的光彩。

天花板上长长短短垂吊下来一串串用松果做的风铃，这些松果被涂上了红、黄、蓝、白、紫、绿、金各种鲜艳的颜色，五彩缤纷的丝线串起了珠子、瓶盖、松果、风铃，手一晃悠，风铃就发出悦耳的声音，松果便和珠子、瓶盖叮叮当当一起跳舞。

每张桌子上都摆放着各式各样用松果制作的小动物、小摆设、小工艺品：小公鸡、小松鼠、小狮子、小刺猬、小豪猪、滑雪的小人、独眼的猫头鹰、颜色各异的花朵、插满羽毛的火鸡……

最奇葩的是，所有的这些可爱的小玩意上面都有一张写着 hapyy new year 的卡片，卡片右下角有一个卡通小松鼠举着一块小牌子，上面写着价格。啦啦看了一下，价格从几块到十几块不等，相比精致的手工，这样的价格真的不贵。最主要的是，你会欣赏小玩意和小卡片上那只小松鼠的可爱，有一种想抱它和那些小玩意回家的冲动。

台上，平时播放 VCR 的屏幕里正播放着电影《消失的松果》，那只名叫斯克莱特的小松鼠爬上了一棵巨大的树干。这棵树早已拦腰折断，空洞的树心成为斯克莱特最好的仓库。这里密密麻麻塞满了松果，斯克莱特始终无法将新采来的松果再塞入其中。斯克莱特为什么要储藏那么多的松果呢？它甚至因为塞松果过于用力，还导致整个松果堆崩溃，成百上千的松果从树干中如瀑布般喷涌而出，裹挟着斯克莱特跌落悬崖。坠落过程中的斯克莱特全然不顾自己的安危，奋力搜集着每一枚松果。

啦啦以前没有看过这部片子。她突然想起蒜头曾经向她提起过这部片子，自己当时根本没在意。现在想来，蒜头不是随随便便和她提起这部片子的，他或许是想和妈妈交流一些想法。但是，啦啦忽略了。因为这种忽略，她失去了一次走进蒜头内心的机会。

不断地有大人带着孩子走进书吧，进来以后都被这里独特而好玩的氛围吸引，很快座位就满了，但还是有客人不断地加入进来。

这时，屏幕上又开始播放一段显然是自己拍的视频——《消失的童年》。那些久远的玩意儿似乎让酒吧里的大人孩子们都兴奋无比：跳绳、跳牛皮筋、打旋螺陀、拍样片、爬竹竿、滚铁环、弹皮弓、放风筝、踢毽子、踢石子儿……

大人们开始怀旧，小孩子好奇地问爸爸妈妈这是什么，那是什么，他们从来没有玩过，甚至见都没有见过这么多新奇的玩意儿。

从消失的松果到消失的童年里的旧时玩意儿，这些东西都不值钱，甚至不要钱，可是，孩子们却很快乐。现在孩子们的玩具大多都很贵，但快乐却不知在什么时候消失了。

啦啦悄悄地把那套陶艺茶具放在角落里的窗台上，这套茶具花了她八百多块钱，但和酒吧那些松果制作的各种礼品比起来，这样的奢华礼物似乎有点矫情。

这一晚上书吧的生意红火得要命，光啤酒、咖啡、茶水就卖出去近万元，所有松果做的各种工艺品、风铃，也都一卖而空，最后连那四棵圣诞树也在顾客的强烈要求下被买走。

蒜头干妈最后一算账，好几万，关键是，这些收入几乎全是利润，因为自己几乎没花什么成本。那些工艺品的主要原料，除了蒜头从安吉黑松林里背回来的两麻袋松果，其余配件诸如珠子、曲别针、胶水、毛线、颜料等等，都是蒜头从网上淘来的，便宜得跟白捡似的。

干妈给蒜头包了一个大大的红包，并且一个劲地对啦啦夸赞蒜头："我算是服了这小子，他那天拖进来两麻袋松果，我差点给扔出去，我说'这不是给我招虫子吗？'你猜这小子说什么？他说'干妈，做生意就是卖概念，卖与众不同，卖人无你有。干妈你为什么不试试？'"

啦啦的闺蜜附在老友耳边悄悄地说："啦啦，蒜头这小子救了我，救了书吧。不过我坦率地说，和这小子比，你和你们家老咪加起来都不是个儿，你俩这辈子是没戏啦！"

啦啦的
快乐教育心得

孩子有古怪奇妙的念头，并不是什么坏事情。在能力允许的范围内，父母应该尽量满足孩子的愿望。

蒜头的心里话

“

在我看来，每个孩子都有着自立的渴望。产生这种渴望最原始的动因，往往可以归结到孩子与家长的冲突上。这种冲突同时包含了物质层面和精神层面。

孩子的世界中，想去追求的事物很多很多，比如我想要的四驱车、可爱的小动物、新鲜的玩具等等。

绝大多数家长会有选择地满足孩子的物质要求，但是要求他们去分辨什么才是孩子真正需要的东西，却很困难。

当我对喜爱的事物产生强烈欲望，并由于家长不给予满足而使得这种欲望更加强烈时，我便产生了对金钱的渴望与追求。我相信，有了钱，我就可以买自己想要的东西，做自己想做的事情，不用再求爸爸妈妈。

对所有孩子来讲，我这种想法其实很普通也很常见。

作为家长，首先应该认清，渴望和追求金钱，其实并不是一件可怕的事情。如果有家长和老师循循善诱的引导，这种欲望可以对孩子产生积极的影响。

回头去看，我很感谢啦啦没有扼杀我年少时那些天马行空的想法，而是积极地帮助我将它们付诸行动。事实上，啦啦的纵容，却在某种程度上成就了我的商基因。要知道，在我们读小学的年月里，我做的那些出格的事情，哪一件不让老师头疼至极，哪一件都能让老师告状告到家长那里。为此，啦啦承受了很多压力。

现在，时代进步了，观念开放了，在校园里出现类似事件，老师和家长也

蒜头的心里话

许不会再视为洪水猛兽，有的学校甚至出现了学生经营的跳蚤市场。在老师、家长的引导下，积极参与这些活动，对于孩子的成长真是大有裨益。

早早地接触到钱这个东西，并且认识到，钱是劳动价值的体现，不仅能使孩子对于社会和生活产生切实的体会，而且对于他未来人生道路的选择，也会起到意想不到的积极作用。”

Part 03 蒜头的成长

成长中极为重要的一点是经历挫折。

孩子年少时大多会有一些不切实际的念头,大可让他付诸行动。与那些总是直接被家长纠偏的孩子相比,经历挫折的孩子或许会多走一些弯路,却也因此少了许多偏激与叛逆。

part 03

袖珍作文

蒜头奶奶是自学成才的语文特级教师，十五岁那年，中学还没毕业，她就从老家河北到北京闯荡，从小学老师一直做到小学校长。

奶奶对“校长”的头衔并不在意，她引以为自豪的是，即便当了校长，学生们还是叫她“杨老师”，而不是叫她“杨校长”。奶奶真正觉得有成就感的，也不是作为校长在大会上给全校师生讲话，而是在教室里给孩子们上作文课。奶奶教出来的学生，在区里、市里都拿过各类作文奖；小升初考试时，奶奶教过的孩子，作文往往拿高分。

可是，教天教地，杨奶奶教不了自己的孙子。

蒜头的名字按说是奶奶给起的，但奶奶说，实际上这个名字是孙子自己给改的。

这到底是怎么回事呢？

奶奶做菜爱搁蒜，她有一个多年不变的习惯，平时一得空闲，便拿起一头大蒜，给大蒜剥皮，剥一碗蒜瓣搁在厨房灶头上，奶奶心里才踏实。奶奶说，剥蒜皮是个着不起急的细工慢活，蒜皮像紧身衣一样贴紧蒜瓣，不好剥。等到炉子上坐着火炒菜，临时再剥蒜那就来不及了。

可是奶奶在家里学校都是顶梁柱，忙的呀！她总没有时间坐下来剥蒜，而小孙子却对剥蒜的活儿乐此不疲，很小的时候，他就会搬个小板凳坐在奶奶身边，用胖乎乎的小手剥蒜皮，每剥出一头白胖胖的蒜瓣，就咯咯咯地乐个不停。

奶奶看得高兴，就说："大孙子哎，爹妈给你起了大名，奶奶给你起个小名，就叫蒜瓣吧！"

那时候，蒜头还不满两岁。蒜瓣这小名叫得顺溜，大名倒没什么人叫了。

三岁开始，蒜头就开始蹭奶奶上的作文课了。其实也不是蒜头要蹭的。奶奶退休后在家里开了作文班，老给孩子们讲故事，讲安徒生童话、格林童话等等，好听极了。

蒜头最喜欢听的是《卖火柴的小女孩》的故事，听多少遍也不厌。奶奶的学生听了故事以后都要写出读后感，奶奶给蒜头也订了一个小本子，封皮儿上写着，姓名：蒜瓣。

奶奶说："大孙子哎，你虽然还识不了几个字，但你也练着写写，将来上学了，说这是杨老师的孙子，那作文指定得拿第一呀！"

奶奶说："先从自己的名字开始写起吧，蒜瓣这两个字你得写好了，每天抄十遍，以后练习本上都要签名的。"

蒜头按奶奶说的，开始在一张大白纸上写蒜瓣这两个字。

写着写着，他像发现新大陆似的叫起来："奶奶，我不能再叫蒜瓣了。"

"为什么呀？"奶奶不解地问。

“瓣的笔画太多了，哪个小孩的名字有那么多笔画呀！奶奶，你数数，瓣字快有二十个笔画呢！那我每次得比别人多写多少个笔画呀！”

奶奶乐了，孙子真是属猴的，多精啊！便笑着问：“那你不叫蒜瓣叫什么呀？那可是奶奶给你起的名字哎！”

“奶奶，我还小，名字笔画不能多。等我长大了，上学了，再叫蒜瓣这个名字行不行？”

奶奶有点哭笑不得：哪有名字跟着年龄长的？这鬼主意也只有我这个宝贝孙子想得出来！

奶奶说：“不行！等你上小学再叫蒜瓣，蒜瓣长得比蒜苗都高了。”

蒜头歪着脑袋想了一会儿，说：“那就叫蒜头吧。我数过了，头只有五个笔画，比瓣要少十四个笔画呢！”

从此，蒜瓣改成了蒜头。这是奶奶第一次被孙子打败，或者说，第一次对孙子让步。

没想到，奶奶的这一次让步让她后悔莫及。

蒜头在作文上应该说还是有天赋的，爸爸老咪是记者，妈妈啦啦是作家，都是耍笔杆子的，加上奶奶这样一个教作文的大鳄，耳濡目染，蒜头小小年纪就在作文上表现出灵性。

可是奶奶还是很快就在蒜头的作文里发现了毛病。

有一次，奶奶带蒜头去潭柘寺玩。那里古树参天，庭院深深，最让蒜头高兴的是寺里寺外都有水，水里都有鱼，还有窜来窜去的流浪猫和流浪狗，你只要给它口吃的，它就会绕着你的脚脖子打转，久久不离开。

回来以后，奶奶让蒜头写一篇《游潭柘寺》。

蒜头说："奶奶你真烦！每回跟你出去玩回来都要写游记，以后不跟你出去玩了。"

奶奶说："以后再说以后，今天先写今天。"那口气，没商量。

蒜头不再抵抗，三下五除二，几分钟就写完了一篇《游潭柘寺》。

> 今天奶奶带我去潭柘寺玩，我很高兴！
>
> 潭柘寺里有鱼，我真高兴！
>
> 我挖了蚯蚓喂鱼，一只小花猫跑过来，在我脚底下喵喵喵叫，我太高兴了！
>
> 今天是玩得最高兴的一次！

奶奶看完蒜头这篇只有几十字的作文，明显感到了蒜头的敷衍了事。她皱着眉头把蒜头叫过来，说："你看看你这篇文章，几十个字，写了几个高兴？"

蒜头溜了一眼小短文，说："四个，怎么啦？"

奶奶说："没词啦？只会写高兴！"

蒜头说："我就是高兴么，高兴都不行吗？你还想我哭啊？"

奶奶说："别强词夺理。作文最忌讳用词重复，你可倒好，四句话写了四个高兴。其实，高兴的同义词有很多，你可以写兴高采烈，你也可以写心花怒放，你还可以写喜出望外等等等等，都是表达高兴的意思，都可以轮换着用，你怎么只会写一个高兴呢？词汇量那么贫乏，这哪像我杨老师的孙子啊！"

蒜头说："奶奶，高兴是两个字，你说的兴高采烈、心花怒放、喜出望外都是四个字，能用两个字的，我为什么要用四个字呢？”

“可你重复几次用一个词，这是作文大忌呀！”

蒜头不说话了，他知道在这方面，奶奶是权威。

可他心里不服气，想了一会儿，又说：“奶奶，你没看到我每一个高兴前面用的字都不一样吗？很高兴、真高兴、太高兴、最高兴，这都不一样啊！你说的兴高采烈、心花怒放、喜出望外是不重复了，可要多写好几个字呢！你不是常说，写文章要精练么？我这叫……对，叫袖珍作文，体积小，容量大。”

蒜头振振有词的一番话，噎得奶奶反倒没词了。

奶奶想：这个孙子我可怎么教啊？

啦啦的
快乐教育心得

不要总是用大人的标准来要求孩子，只要孩子的想法做法有道理，家长就不要阻止，可以允许他们顺自己的心意去尝试。

part 03

鸡兔同笼

刚上小学的时候，蒜头自我感觉超好。无论语文还是数学，蒜头的成绩总是班上第一。别的同学刚开始造一两句话的句子时，蒜头已经能写几百字的作文了；别的孩子还在苦背乘法口诀时，蒜头已经加减乘除易如反掌了。

一年级时，学生们都用铅笔，每个孩子的铅笔盒里起码都有五六支花花绿绿的铅笔，唯独蒜头用的铅笔是清一色墨绿的 B2B6，小小年纪就有一种成熟的气息。

班主任刘老师说："同学们，字是一个人的脸面，字写得漂不漂亮，关系到你的这张脸是像一朵美丽的花，还是像一只丑陋的小爬虫。"

同学们当然都不想当小爬虫，大家都按照刘老师的要求，认真地用铅笔在米字格里练字。

有两个同学觉得铅笔写出的字笔画太淡，他们想让老师在众多的字里面一下子就发现自己的字，于是，一个用了黑色的碳素笔，另一个用了蓝色的圆珠笔。

刘老师又说："还没学会跑，千万不要想着飞。铅笔还没有用好，千万不要就想用钢笔、毛笔、圆珠笔。"

蒜头本来是用B2铅笔的，听老师这么一说，他不乐意了：凭什么非得先学会跑才能想着飞呢？假如我直接就会飞了，我为什么还要先学跑呢？

第二天，蒜头故意没带铅笔，而从妈妈的写字台抽屉里拿了一支黑色的签字笔。

学生们大部分都对老师言听计从，即便有个别出格的，或者喜欢爽歪歪吊点幺蛾子的，基本也只是私底下偷偷过把瘾。

像蒜头这样堂而皇之把老师的话当穿堂风，这个耳朵进，那个耳朵出的，还真是少有。两个被刘老师不点名批评的同学倒是乖乖地换了铅笔，而蒜头却逆势上扬，一杆黑色的签字笔在满堂花花绿绿的铅笔中煞是触目。

刘老师很生气，师道尊严在蒜头面前有点威风扫地。但刘老师有涵养，有谋略，对付蒜头这种小屁孩根本不动声色。

二年级时，蒜头的一篇作文被语文老师在课堂上朗读。

那是学校定期向家长开放的公开课，正好轮到蒜头那个班，两堂作文课。

啦啦走进教室的时候，教语文的温老师正在朗读一篇学生作文：

"白云像一顶顶帽子，戴在青山的脑袋上……"

啦啦想起来，那次带蒜头去北京郊外密云春游，蒜头看着远处的青山白云，对着妈妈吐出这样的句子，啦啦当时就夸蒜头想象力超群。

没想到，这小子把郊游时即兴吐出的句子写成了作文，真是有才。

班主任刘老师和家长一起坐在教室后面体验公开课，她不知道温老师念的作文好在哪里，她也不喜欢这样标新立异的句子。她不理解，白云怎么会像帽子？她更不明白，青山怎么会有脑袋？

等到温老师念完作文，说出写这篇作文的学生名字是蒜头，并且带头鼓掌，夸赞蒜头具有飞扬的想象力时，刘老师的眉头紧紧地锁了起来。

刘老师觉得温老师太年轻了，完全没有教学经验，这样教作文，会把孩子们教到什么地方去呢？蒜头这孩子本来就一肚皮花花肠子，你不给这孩子清清肠，还往里面浇花露水，这孩子以后尾巴还不翘到天上去？

刘老师内心很焦虑，但脸上很平和，她也知道如今的年轻老师教育理念和自己大相径庭，不在事实面前摔跟头时，你还真说服不了他们。

山高路远，来日方长。刘老师有时间、有耐心等待合适的时机。

有一天，区奥校到学校来选拔优秀的学生苗子，每个班一个名额。蒜头虚荣心满满，他其实并不清楚所谓奥校是学什么的，但既然全班只挑一个同学，那就是天大的荣誉。

蒜头觉得凭成绩自己应该稳操胜券，便喜滋滋等着学校张榜公布。

没想到，几天以后，名单公布，班上最漂亮的女生梅小鹿被确定为区奥校学员，而心里很笃定的蒜头却名落孙山。

梅小鹿学习也很棒，但每次考试成绩却基本都是紧随蒜头其后，排名老二。

另外，蒜头的作文常常被老师当做范文在班上朗读，那篇被温老师在公开课上朗读的写青山白云的作文，不但在全年级每个班传阅，还被学校贴在校园的橱窗里展览。还有一篇题为《感冒》的作文，其中有一句“咳嗽像一只蝴蝶飞进了我的肺”，更是大获语文教研组长温老师赞赏。

温老师私下里和别的老师说，蒜头这孩子想象力极丰富，思维也很奇特，将来或许会成为作家。

既然蒜头各门成绩领先，为什么偏选梅小鹿上区奥校？

蒜头不服气，到年级办公室去找班主任刘老师。

刘老师很心平气和地对他说，除了考试成绩外，学校还要考虑学生的综合素质，还要参考平时的作业成绩，还要……

“还要听老师话，对不？”蒜头心里明镜似的，他打断刘老师的话，扭头去找温老师。

温老师毫不掩饰自己对蒜头的喜爱，虽然她不觉得选择梅小鹿上区奥校有什么不妥，但既然蒜头有上奥校的愿望，这孩子脑袋瓜又聪敏，再争取一个机动或旁听名额也不是什么难事。

在温老师的努力下，蒜头作为候补队员也进了区奥校。

没想到，进奥校上课的第一天，蒜头就傻眼了。他发现自己犯了一个天大的错误，或者说是自投罗网。

上课前，老师先发给每个同学一张卷子，上面有三道题目：

1. 鸡和兔关在一只笼子里，上面有29个头，下面有92只脚。问：笼中有鸡兔各多少只？

2. 蜘蛛有8条腿，蜻蜓有6条腿和2对翅膀，蝉有6条腿和一对翅膀。现有这三种小虫16只，共有110条腿和14对翅膀。问：每种小虫各几只？

3. 大、小猴子共35只，一起去采桃子。猴王不在的时候，一只大猴子一小时可采15千克，一只小猴一小时可采11千克。猴王在场监督的时候，每只猴子不论大小每小时都可以多采摘12千克。它们一天采桃 8 小时，共采了 4400 千克桃子。在这个猴群中，共有小猴子多少只？

蒜头看着卷子发呆，卷子上的字就像一群在水里游来游去的小蝌蚪，黑乎乎的一片。蒜头脑袋“嗡”地一下就大了。

蒜头想：小蝌蚪没有脚，只有一条细细的小尾巴。可是，小蝌蚪慢慢长大的时候，小尾巴越来越短，最后不见了。而它原本光溜溜的肚皮底下，开始生出小脚丫，先是两只，后来是四只。再到后来，小蝌蚪原先的影子一点都没有了，黑色的小蝌蚪摇身一变，像变魔术一样，变成了一只绿色的，有花纹的，鼓着两只大眼睛的大青蛙。

蒜头三岁的时候，啦啦就带他看过《小蝌蚪找妈妈》的动画片，有意思极了，看完后，蒜头知道了生命是可以变异的，妈妈和自己的孩子是可以长得完全不一样的。他在看一部有趣电影的同时，明白了一个浅显的科学道理。

可是，鸡和兔关在一个笼子里，算它们有多少头多少脚有什么意思呢？

蜘蛛织网是为了捕捉小虫子当食物；蝉拍打翅膀那是它要唱歌了；还有猴子摘桃，那就更不好估算了。调皮嘴馋的猴子，无论大小，不管是猴王还是子民，都不可能光摘桃子不吃，它们忍不住鲜桃的气息和美味的诱惑呀！

所以，蒜头认为卷子上的三道题目全部是瞎扯淡，编出这种题目的人，肯定是捋着长胡子，眯着昏昏欲睡的老莫咔嚓眼，走路会走到湖里去，淹死了都不知道自己为什么会淹死的老头。

蒜头开始后悔自己找温老师做了一名奥校替补队员，这简直是给自己套上了一根绳索。这根绳索若是刘老师给自己套的，那蒜头会找出 100 个办法剪断绳索，但这根绳索是自己找温老师套上的呀！

怎么办呢？

所谓的奥数训练在蒜头看来就是数学杂技，把简单的事情复杂化，把你清晰的脑瓜搅成一盆浆糊。你晕了，奥数就理所当然变得深奥了。深奥的学问不是人人都可以掌握的，这样一来，学校里的学生就在奥数这道分水岭前拉开距离，分出档次了。

现在的学校，不就是喜欢给学生成绩排名么？

蒜头虽然被卷子上的题目绕到了云里雾里，但他没有晕。他觉得自己上奥校绝对是一个愚蠢的行为，就像一只关进笼子的鸡，左右前后的同学们更像一只只逃窜无门的鸡和兔子。他不想和这些鸡兔们同笼，更不愿意傻乎乎地掰着手指头算他们的头和脚。

课间休息的时候，蒜头趁老师不注意，悄悄地溜出教室，一溜烟逃出奥校大门。

回家的路上，蒜头顺道去了阜成门花鸟市场，在那里，他买了一只灰兔子，一只白兔子，又去菜市场买了胡萝卜和包心菜。

蒜头知道那都是兔子爱吃的东西，他会好好地喂它们，看它们慢慢长大，弄清楚兔子的眼睛为什么是红的而不是绿的？搞明白兔子的尾巴为什么这么短，和它们跑得那么快有没有关系？

在蒜头心目中，弄清楚这一切，比弄清楚关在笼子里的鸡和兔有多少脚多少脑袋有意思多了。他还准备和温老师谈谈自己的想法，退出奥校的学习。

蒜头心里虽然觉得有点对不起温老师，但他相信，温老师一定会理解他的想法，不会责怪他放弃这个来之不易的候补队员名额的。

啦啦的
快乐教育心得

孩子敢于选择，敢于纠正自己的选择，做父母的，应该给予支持和理解。

part 03

憋屁秘笈

蒜头奶奶从河北老家背回来一麻袋红心番薯，煮熟后又面又甜，蒜头一口气能吃三四个。奶奶见孙子爱吃，觉得自己虽然大老远背回一袋不值钱的番薯，但蒜头过足了嘴瘾，汗水便没白流。

奶奶心里高兴，更是变着法儿用红薯做出各种吃的：拔丝红薯、红薯玉米面饼、薏米红枣番薯粥、莲子红薯枸杞羹……

老咪和蒜头吃得山呼海啸，一个猛打嗝，一个穷放屁。

啦啦实在受不了薯饭薯菜薯汤薯羹的味道，外加此起彼落的打嗝放屁声，便逃之夭夭，连着几天称有应酬饭局，躲到黑灯瞎火睡觉的点儿才潜入家中。

让蒜头始料不及的是，这红薯屁好像蚂蝗一样缠上了自己，从家里跟到了学校。

蒜头一进教室就看课程表，他希望今天没有温老师的课。

本来蒜头最喜欢上温老师的语文课，可是，如果温老师讲课讲到行云流水处，自己憋不住要放屁了，那对温老师多不礼貌呀！温老师肯定不会怪自己，可是那样的话，他会觉得对不起温老师。

蒜头也不希望是刘老师的课。

在刘老师眼里，自己是个调皮捣蛋鬼，他若连连放屁，刘老师肯定认为他是故意恶作剧，成心和她作对，那他可就是冤大头了。

课程表上偏偏写得很清楚，是刘老师的数学课，连着两堂。

只能听天由命了！

以往刘老师上课，蒜头总是昏昏欲睡。可今天蒜头却跟打了鸡血似的，小腰杆笔直，小眼睛锄儿亮。那神情，一看就是有事儿。

果然，刘老师刚开始讲课，蒜头就紧着配合。一会儿放个屁，一会儿又放个屁，而且一个比一个响。

安静的教室里像扔进了几枚炸响的炮仗，同学们嘁嘁喳喳开始骚动起来。

刘老师很生气，她锐利的眼睛像探照灯一样，目光如炬，扫过全班同学，很快就锁定在蒜头身上。

这小子龇牙咧嘴，一副坐立不安的表情，一看就没憋好屁。

还没等刘老师想好，怎么抓蒜头一个现行，蒜头座位那里又“嘭”地放出一声响屁。

刘老师实在受不了了，黑着脸说：“讲点公德好不好？能不能不出声呀！”

安静了一会儿，蒜头又开始在凳子上扭来扭去。

刘老师问他干什么，蒜头回答说：“老师，我没出声，已经调成振动的了。”

刘老师想笑，又觉不妥，生生憋回去，说：“振动也不行，必须关机！否则

?
噗
噗
噗
别按啦!
噗
噗

就出去！别在教室里丢人现眼，妨碍别人上课。”

蒜头觉得很委屈。自己在家从来就是有屁就放，放得响亮、嘎嘣脆，那叫一个爽！

蒜头想，妈妈虽然也受不了屁味儿，那也是她退避三舍躲到外头去。刘老师为什么就不能像我妈妈一样，尊重人体的自然规律呢？

课间休息时，蒜头专门去找学习委员梅小鹿：“小鹿，我又不是故意要放屁，我是这段时间吃红薯吃多了，身体里面有股气憋不住，自己要从屁眼里往外窜，我也没办法。刘老师叫我关机，关不住呀！”

梅小鹿脸红了，觉得蒜头怎么脸皮那么厚，放屁这样不雅的事情，他也好意思拿来说！还说得那么粗俗。

可是，梅小鹿不想奚落蒜头，因为上次梅小鹿做数学作业时，有一道应用题卡壳了，是蒜头帮助她解出来的，她觉得自己欠蒜头一个人情。

蒜头知道刘老师喜欢梅小鹿，觉得她是好学生，他求梅小鹿去和刘老师解释一下。

梅小鹿看着蒜头圆鼓鼓的小肚子，一脸苦恼的样子，心里有点不忍。

她想了一想，对蒜头说：“现在正好有十五分钟课间休息时间，你试一试，右手盖住左手，两手放在肚子上，使劲地转圈揉搓，顺时针三十下，逆时针三十下。”

“这有用吗？”

“有用没用，你试试呗！”

小鹿的妈妈开了一家美容院，小鹿周末时常常去美容院玩。

她知道妈妈自己从来不做美容，说那都是骗人的，自己调的黄瓜柠檬汁加蜂蜜比任何面膜都有效。但妈妈告诉小鹿，美体其实还是有一定作用的，比如“瘦肚”这个项目，妈妈几乎每周做两次。

看得多了，小鹿早就对这个项目了如指掌，就是顺时针逆时针轮流在肚子上转着圈按压。它实际上不是瘦身减肥，而是帮助人体排出废气。有些人看着大腹便便，其实不一定是肥胖，而是肚子里积蓄了太多的废气，把气排掉了，肚子就小了。

小鹿想，蒜头是吃多了红薯才频频放屁的，那一定是红薯在蒜头的肚子里积蓄了太多的废气。蒜头在课堂上老师讲课的时候放屁，确实不太文明，但“屁意”来得不合时宜，不分场合，也不是蒜头自己愿意的呀！

小鹿想起有一次她吃了很多自己最爱吃的清水煮蚕豆，吃得肚子胀鼓鼓的，也是频频放屁。小鹿一个女孩子接二连三的放屁多难为情呀！

那天小鹿正好去少年宫参加钢琴培训班课，弹的是《致爱丽丝》。钢琴培训是小班制，一共只有四个学生。琴房里很安静，小鹿觉得屁意来袭，她不敢放，觉得这太玷污贝多芬优雅的《致爱丽丝》了，而且也会让她在老师同学面前很难堪。她只好憋着，憋得面红耳赤，难受极了。

那天她根本没法好好弹琴，回家后还是浑身不舒服。妈妈问她怎么啦，她只好和妈妈说了实话。

妈妈告诉她，以后千万不能憋屁，憋回去的屁是有毒的，回到人的肠子里去以后，对人体是非常有害的。

小鹿不想让蒜头身体不舒服，她想让蒜头试试“瘦肚排气法”。

蒜头照着梅小鹿说的办法，用手在肚子上使劲按压转圈，小鹿在一旁给他数数。

顺时针三十下，逆时针三十下。

为了使按压效果更好，蒜头索性撩起衣服，露出小肚皮，两只手直接贴着肚皮使劲转圈。

没想到，这方法还真灵！肚子咕咕咕一阵叫唤后，响屁一连串地蹦出蒜头肚皮。

梅小鹿一手使劲搧开臭气，一手捏着鼻子“咯咯咯”地笑出声来。

放完一串响屁后，蒜头觉得肚子里舒服多了。他感激地望着梅小鹿，觉得她亮晶晶的眼睛真好看！

他想，下次选班长的时候，他一定要投梅小鹿的票，让她从学习委员的位置上再升一级。不是因为今天梅小鹿救了他的大驾，而是他发现了梅小鹿心中的善良，看来她并不是蒜头不屑的那种专爱向老师打小报告的“小间谍”。

接下来的一堂还是刘老师的课。虽然刘老师锐利的目光仍然时不时地扫过蒜头，但蒜头始终安安静静的，再也没有放一个屁。

看得出，刘老师扫过蒜头的目光里有一丝狐疑。

蒜头暗暗有点小得意，他很想问问刘老师：“你想知道我的憋屁秘笈么？”

蒜头还想好了，回家就将梅小鹿教他的办法告诉爸爸老咪，让老咪赶在啦啦回家之前放屁清肠。

那样，啦啦就不用离家出走，躲避爷儿俩的放屁二重唱了。

啦啦的
快乐教育心得

尊重孩子，包括尊重他作为人的人性自然规律。只有尊重孩子，才会赢得他发自内心的喜欢。

part 03

蒜头台球房

蒜头迷上台球大约是初中二年级的事情。

那时候啦啦作为志愿者被派到边疆工作两年。走的时候心中不是没有一点犹豫，都说十二三岁的男孩子是脱毛小公鸡，最逆反最较劲的年龄，也是家长神经最紧张的阶段。啦啦这一走山高水远，不可能心细如发地守着蒜头，将蒜头身上可能会出现的危险萌芽掐死在露头阶段，万一错误苗头因无人修理，像茅草般疯长，那可咋办？

可是啦啦也喜欢逆向思维，觉得越反叛、越出格的孩子，越要给他宽松自由的空间，给他最大的信任度，这样一来，他没有逆反的对象，反而可能心态平和，温良恭俭让也未可知。

老咪知道啦啦一旦打定主意的事情，商量只是走个形式。作为一家之主，他也不能在老婆工作需要的时候，不给她一副可以依靠的男人肩膀。

老咪拍着胸脯对啦啦信誓旦旦：放心去吧！蒜头又不是三岁小孩子，他也是个小小男子汉了，这点自理能力还是有的。再说不是还有我么！实在不行，把他奶奶接过来，他奶奶当了这么多年教师，好歹是个校长，还管不了自己孙子？

蒜头奶奶从十五岁开始就当小学老师，一直当到小学校长，手里调教修理过的孩子不计其数。蒜头又是奶奶的心肝宝贝，奶奶早就自告奋勇过多少次了，要进驻啦啦家给孙子做饭兼家教。

啦啦以前怕老人受累，又担心奶奶过于溺爱蒜头，一直没有答应。这回看老咪又提及，想想其他也没有更可行的办法，便也只好点头应允。毕竟老咪一个大男人，生活上总是粗粗拉拉，奶奶过来，蒜头回到家热汤热饭总是有保证的。

啦啦走后，奶奶拖着大包小包进驻了儿子和孙子的生活，这让退休已久，赋闲在家的她很有成就感。俗话说：姜还是老的辣。关键时刻，还得奶奶我老将出马！蒜头那点一日三餐和放学回家后的功课督查，对奶奶来说那还不是小菜一碟？

头半个月，奶奶觉得自己得心应手，但凡蒜头喜欢吃的涮羊肉，牛肉面，打卤面，烤馅饼，包饺子，蒸包子……奶奶是挨着个儿来一遍，几乎没有一天重样的，蒜头吃得油头粉面，小肚子溜圆。餐前饮料，饭后水果，奶奶更是一样不落，营养搭配俱全。

晚饭后，奶奶会逼着蒜头到院子里溜达二十分钟，奶奶说，这叫消食。二十分钟后，蒜头必须回屋，可看半小时动画片。看完动画片，蒜头得回自己房间。此刻，书桌已经擦亮，台灯已经打开，做功课时间到了。

奶奶给蒜头规定的作业时间是两小时，如果蒜头效率高，提前完成作业，奶奶会要求他预习一下明天的课文内容，然后奖励他再看半小时电视。

如果蒜头唧唧歪歪拖拉着完不成作业，那么，多晚奶奶都陪着，当然，第二天那半小时动画片必定取消。

蒜头虽然在奶奶的紧箍咒下浑身骨头嘎嘣作响，但他知道孙猴子终究逃不出如来佛的手掌心，奶奶什么人呐？不如乖乖就范。

几天下来，相安无事。本来一下班就回家的老咪从旁观察几天后，觉得祖孙二人配合默契，不免佩服母亲作为一个老教育工作者的管理手段了得，不用自己再过于操心。于是便开始下班后呼朋唤友，打牌打球，不亦乐乎，回家渐晚。

事情发端于何时，如今已无可考证。反正等到奶奶发现蒜头行踪诡秘，神情异样的时候，事态已经比较严重。

蒜头不但回家越来越晚，而且饭后出去溜达，常常迟迟不归，寻遍小区周围，总是不见踪影。

与此同时，奶奶在蒜头的屋里床头发现了一些让她魂飞魄散的蛛丝马迹：全是外国字的瓶子装的不知啥玩意儿，味道在奶奶闻来怪怪的；枕头底下有一盒烟和一只打火机，校服裤兜里居然有烟丝；床头的杂志不再是那些小小的、轻薄的《故事会》、《读者》、《小说月报》等，而是开本巨大，印刷精美，又厚又沉的《时尚先生》、《男人装》等等。

奶奶哪见过这样的杂志，翻开看看，好多光脊梁露大腿的雄性帅哥扑面而来，大到豪宅别墅顶级汽车，小到时装领带名牌香水，看得奶奶眼晕头昏，心跳加速。

奶奶感觉到危险正在向孙子悄悄逼近，蒜头才多大呀？十二三岁穿校服的小屁孩，他爸像他那么大的时候，吃根冰棍，看场电影，那就是极大的享受，还必须成绩优秀，表现上佳，才有可能向父母申请。哪像现在的孩子，口袋里不缺钱，眼睛里不缺色，电视网络，手机多媒体，横穿直行，见多识广，这世界上有什么，流行什么，他们没有一样是不知道的。

这个社会的污染源就如洪水猛兽，自信的奶奶突然觉得自己势单力薄。她先是给儿子老咪敲警钟，细数蒜头的不良倾向滋生的苗头。

老咪觉得老太太有点小题大做，哼哼哈哈，明显有点应付差事。

奶奶只好悄悄地给儿媳啦啦打电话，说自己能管蒜头吃，能管蒜头喝，管不了蒜头小脑瓜里那些弯弯绕的歪点子，一旦失控，后果不堪设想！

啦啦工作在外，身不由己，虽然被老太太说得心里发毛，但毕竟千里之外，也只能安慰一番，让老太太继续密切观察，有新动向及时沟通。

在孙子的教育问题上，奶奶历来觉得儿子老咪对蒜头宠爱过度，不够称职；倒是和啦啦观点比较一致，有商有量。她觉得啦啦说的密切观察，是目前自己唯一可以做的事情。打蛇必须打在七寸上，稳、准、狠的关键是“准”。而要准确地对症下药，前提是要摸清情况。

向来脾气风风火火的奶奶这回要求自己不动声色。蒜头放学回来越来越晚，奶奶也只是问一下“怎么回来那么晚呀？”便不再刨根问底了。

就在蒜头以为奶奶已经放松警惕，爸爸因为忙而不管，妈妈因为远而不问，自己获得自上学以来最大自由度的时候，他根本没有想到，奶奶张开的一张看不见的网正在向他悄悄逼近。

下午四点，正常的放学时间，奶奶已经悄然潜伏在学校对面一棵大树背后，两只眼睛死死盯着学校大门。一群群穿着相同校服的男女学生涌出学校，奶奶的火眼金睛却能在众多的学生中一眼就认出蒜头。

蒜头一出校门就四下张望，其实穿过马路一拐弯就是爸爸妈妈为蒜头上这所重点中学而就近租的房子，回家的路程不到半公里，撑死了也就走个七八分钟。而蒜头已经持续一个多星期都是晚上六点多才进家门，也就是说,有将近两小时的时间蒜头不知去向。

奶奶给自己的任务是:跟踪蒜头,弄清他每天放学后到底在干什么,然后再做道理。

跟踪的结果让奶奶急火攻心,差点没背过气去。

蒜头这小子说的什么去同学家做功课啦,到老师那儿补习啦等等,纯属胡编乱造。

蒜头离校后走十几分钟路,进入了一家门脸不大的箐箐台球房。四点一刻进去,六点一刻出来,前后整整两个小时。

可怜腿脚并不利落的奶奶,就在台球房对面的商店里坐等了整整两小时。

应该说,奶奶到底是一个有知识有见地的老教育工作者,她并没有像一般家长那样不计后果地冲进台球房,将孙子拖出来拉回家去,而是焦虑地在外面等待,计算时间,心里和自己博弈,究竟应该抓孙子一个现行,还是装聋作哑,继续跟踪,摸清同伙,一网打尽?

奶奶的迟迟不出手,说到底还是因为害怕。

如今的孩子一个个都是人精,兵来将挡,水来土掩,你说一句批评,他有十句反驳,如果没有想好充分的方案,你还真不敢随随便便就正面强攻。

奶奶想来想去,还是迂回包抄,抓到蒜头的把柄,再冷不丁出击不迟。

蒜头本来撒谎哄骗奶奶,天天去台球房,心下还多少有些发虚,玩到天黑回家,总还要编点靠谱的理由对付奶奶的盘问。但一段时间下来,见奶奶对他每天晚回也没有审长审短,胆子便渐渐大了起来。有几次甚至玩到八九点钟回来,晚饭索性买个汉堡填肚,真真地把书本功课抛掷脑后,就连上课坐在教室里,魂灵早就出窍,飞到台球房去了。

期末考试,蒜头三门功课高挂红灯,就连一直被奶奶引为骄傲的语文,也只破天荒地考了七十几分。

考卷发下来时,蒜头自己也意识到事情严重,回到家磨磨唧唧,不肯把试卷拿出来给奶奶爸爸过目。

等到老咪黑着脸训斥蒜头,奶奶气得躺倒在床,一切都已经晚了。

啦啦接到老咪的电话,连夜从外地赶回,初三的蒜头马上面临考高中,如此成绩,不要说考本校人大附中门都没有,就是考普高也无三分把握。

啦啦历来相信蒜头是个明理懂事的孩子,只要对他动之以情,晓之以理,应该能够悬崖勒马,回头是岸。

啦啦哪里晓得,等待她的,是蒜头显然经过深思熟虑的一场严肃的谈话。

"妈妈,一个人做有兴趣的事情是做得好的,做没兴趣的事情是做不好的。你认为我说得对吗?"

蒜头的话暗藏玄机和陷阱,啦啦没有正面回答,而是单刀直入:"儿子,你想说什么,直截了当说好了,不用拐弯抹角。"

"我想退学,专业训练台球。"

尽管啦啦自认为做好了最坏的打算和最充分的思想准备,她都没有料到儿子会这样极端,居然提出退学。她只觉得血脉贲张,气血上头,但她看到儿子眼里射出的光十分坚定,完全不是一个孩子的眼神,而是一个成人的目光。

啦啦骤然发现,儿子已经长大,他有自己独立的思想和选择。虽然这种

儿子：
妈妈考虑了很久，决定给你写这封信。
再过不到两个月的时间，你就年满16岁了，妈妈不知道你
有没有意 到这时你来说是一道深刻的门槛，迈过这道门
槛，你就 个具有公民身份的成人了，也就是说你将从
一个依 子蜕变成一个必须具备男子汉肩膀的大
人了。
谷

思想和选择可能很稚嫩，但它就像一棵冒出尖尖角的芽头，你不能随便掐去。她在心里告诫自己要冷静，不要发火，不要慌乱，不要轻易否决儿子的想法。啦啦知道蒜头内心是个很倔强的孩子，如果你不能真正说服他，他是不会轻易改变主意的。

啦啦知道自己还没有想好怎么回答蒜头，在这种情况下，最好不要匆忙做什么决定。

她对蒜头说："妈妈从来都是尊重你个人意愿的，小学时学校推荐你去上奥校，你不愿意上，我和你爸都没有勉强你。现在也一样，我们不会勉强你做你不愿意做的事情。但是，退学的事情太过重大，你容妈妈考虑考虑好吗？"

蒜头的神情明显松弛下来，看得出，他是做好和妈妈决一死战的准备的，但妈妈柔和的表态，大大出乎蒜头的意料，他准备好要慷慨陈词的内容一下子失去了表达的对象，反倒像一只打足气的皮球，忽然被人戳了一个眼，气刺啦一下放跑了，不知道说什么好了。

一连几个晚上啦啦都没有睡好，思前想后，她给蒜头写了一封长信。

儿子：

妈妈考虑了很久，决定给你写这封信。

再过不到两个月的时间，你就年满 16 岁了，妈妈不知道你有没有意识到这对你来说是一道深刻的门槛，迈过这道门槛，你就是一个具有公民身份的成人了，也就是说你将从一个依赖父母的孩子蜕变成一个必须具备男子汉肩膀的大人了。

自从你向妈妈谈了你的真实想法和心里的愿望以后，妈妈几乎日夜都在思考你的事情，经过深思熟虑以后，妈妈想谈谈自己的几点想法：

1. 首先，妈妈非常高兴你能对妈妈敞开心扉，暴露自己的真实思想，这让妈妈能有针对性地给你提供具体的帮助。

2. 妈妈不是一个传统守旧和思想不解放的人，妈妈也不是一个只看重文凭不注重实际能力的人，妈妈更不是一个为了面子不惜以牺牲孩子的快乐为代价的人。所以，当你提出自己出格而另类的想法时，妈妈并没有马上否决你，而是努力做多方面调研，结合你自身的素质和潜能，多方慎重考虑这件事情是否适合你并且是否可行。

3. 16 岁以前，都是大人在为你考虑一切事情，安排一切事情，16 岁以后，这样的情况应该彻底改变。你不再是一个孩子，你要为自己的行为负责，为自己的选择负责，为自己的人生负责！一个人一定要有责任感，不能因为自己年纪小就把责任推给父母。妈妈说这话的意思是：我希望你想清楚，你想休学一年专门训练台球的想法究竟是不是认真的，如果是，你就要有勇气而且必须对这样的选择以及可能产生的后果承担责任。

首先，你要想清楚你所说的休学一年专门训练台球，一年后若不行再回来念书，这样的道路在国外也许是很平常的事，而在国内是行不通的，好学校不是你想出就出，想进就进的。学校不可能为一个个人破例，我们也不可能在你休学一年后再向学校开口，也就是说，你要准备好万一一年以后不行，你也许只能进一所普通中学，甚至连普通中学都可能因为你学习上的断层而将你拒之门外。

第二，丁俊晖的父亲本身就是开台球房的，他熟悉这门行当，了解业内高手，所以他能给丁俊晖具体的指点，他也能变卖了台球房，举家搬迁到广东东莞，什么也不干，整天陪儿子打球。而我和你爸爸对台球一窍不通，我们在这方面也没有认识的人，今天我在单位给广东和上海的朋友打了电话，他们对台球都很陌生，虽然答应帮助打听，但我从他们的口气上可以判断，他们对此并无把握。所以，假如你真想试试，一切要靠你自己，父母和亲人朋友谁都帮不上忙。而且我们都是工薪阶层，我们要靠自己的工作挣一份养家糊口培养你的钱，我和你爸爸都不可能丢下工作陪你去打球，你必须一个人在异地独立生活和训练，这样的生活和训练与你偶尔打球玩玩绝然不同，它是艰苦的，疲惫的，孤独的，枯燥的，它需要你放弃正常人的生活，你要慎重考虑自己有否这样的决心和毅力。

第三，到目前为止，妈妈只听到你的想法，却没有看到你为实施自己的想法进行周密的思考和制定具体的目标。一年的时间其实很短，过去了就不能重新再来。所以，如果你的想法是坚定不移的，妈妈要求你做一份计划书，详细说明你将如何联系训练渠道，找什么样的教练，通过什么途径找，一年十二个月，每个月做什么，怎么练，达到什么目标，都要有具体可行的详尽计划。有了详尽并确实可行的计划，你才能让父母和你周围的亲人信服你不是一时心血来潮，而是经过深思熟虑后做出的慎重选择。因为历史不可能改写，一年过去如果你只是玩完，一事无成，那付出的代价将是非常巨大的，也是无法弥补的。这样的结果不仅你对父母无法交代，你对自己更无法交代！所以，这个计划一定要高标准，严要求，一定要扎实可行。

4. 在你想清楚并且作出自己最后的选择之前，你的心要沉静下来，浮躁是做不好任何事情的。整整一个寒假将要过去，你却拉下了那么多的寒假作业，这不像一个有决心有毅力做出事业的人所为，妈妈希望你从眼下做起，不要将一切推向明天。

想清楚以后，给妈妈一个负责任的回答。

妈妈

啦啦将信交给儿子后，蒜头三天没有和妈妈说话。

啦啦心里有点发毛，不知自己这回是不是做得有点过火。蒜头毕竟还是一个孩子，自己像对待成人一样要求他，会不会从此扼杀了一个斯诺克天才？

正当啦啦为要不要对蒜头做出某种让步纠结不已时，三天后，一脸肃穆的蒜头很郑重地对啦啦说：

“妈妈，我还是上学吧。”

啦啦如释重负。

啦啦在心里做出决定：今年暑假，一定陪蒜头去英国谢尔菲德，在国际最顶尖的台球训练中心，让儿子和丁俊晖、沙利文这些偶像们一起，痛痛快快打一个月斯诺克。

啦啦的
快乐教育心得

事实证明，家长只要愿意推心置腹和孩子平等地交流，而不是专制地替代孩子做出人生决定，孩子表现出来的成熟度往往超出大人的预期。

part 03

厨房绿行侠

啦啦始终没有想明白，蒜头是何时迷上厨房的？

啦啦是地道的南方人，老家是鲁迅故里——水乡绍兴；自己则生在杭州，长在杭州。啦啦觉得吃遍天下美食，还是最爱江南味道。

刚和老咪结婚那阵，啦啦特乐意做饭，一顿饭没个几菜一汤，便觉得生活无精打采。

不想一段时间下来，啦啦沮丧地发现，自己忙乎半天，七碗八碟的，老咪非但不见情，反而舔着嘴唇对啦啦说："我想吃炸酱面，打卤面也行。要不，来顿大葱羊肉馅饺子？"

久而久之，啦啦终于明白，一方水土养一方人，老咪是个北方佬，你就是山珍海味，他觉着也不如吃一碗炸酱面，喝一碗羊杂汤来得舒爽。

啦啦从此偃旗息鼓，对厨房兴趣骤减。

有了儿子蒜头以后，这种状况也并没有多大改变。蒜头一岁前喝奶，两岁左右他奶奶也是主要喂他面食，片儿汤、疙瘩汤、饺子汤……啦啦断定蒜头的味蕾已经让各种面汤洗得迟钝麻木，也提不起兴致做她梦中解馋的江南美食了。

好在蒜头两岁半开始上全托幼儿园，小学又一直住校，基本不在家吃饭。啦啦便也断了厨房的念想，和老咪同甘共苦吃饺子馒头面条。

啦啦重新热衷厨房，完全是因为蒜头。

从蒜头开始识字起，啦啦就非常注意对他阅读兴趣的培养。小时候给蒜头订了不少学龄前儿童的读物，诸如：《婴儿画报》、《看图说话》、《幼儿智力世界》、《小爱迪生》、《小青蛙报》等等。到蒜头读小学三年级时，啦啦觉得对蒜头的课外阅读不能总是以自己的想法越俎代庖，应该让儿子自主选择。于是便把订阅选择权下放给蒜头，每年给他核定了订阅课外读物的金额，叫他自己到邮局去订。

蒜头的选择大体符合啦啦的了解范围和想象空间，不外乎《故事会》、《少年文艺》、《儿童文学》、《中国少年报》等等，既能扩大知识面，又能增加词汇量，啦啦觉得挺好。

疑虑是有一天啦啦给蒜头清理被褥时，在他枕头底下发现的。那是一本色彩鲜艳、印刷精美的大 16 开杂志，叫什么《贝太厨房》。

因为工作关系，啦啦平时阅读报刊杂志很多很杂，文学类、新闻类、财经类、时尚类、教育类、科普类、少儿类等等，几乎各行各业都有涉猎，但她恰恰不知道这样一本《贝太厨房》。

啦啦随意打开翻了翻，不想就挪不开眼睛了。这本杂志新鲜时尚，图文并茂，栏目设置相当契合读者心理。有根据时令材料专门设计的“当月美食”；手把手教你如何做菜的“贝太课堂”；配合都市人快节奏生活，简约快捷的“简单煮意”；展示最新国际流行范儿厨房装饰的“MAISON”；介绍异域风情和美食的“贝太厨房”……

啦啦翻阅着这样一本杂志，不仅馋虫被勾上来了，而且久疏荒废的厨艺也拱得她心里直痒痒。

正好是周末，啦啦决定奔赴菜场，杀回厨房，让老咪和蒜头重新品尝一下家中女主人亲手烹调的“啦啦料理”，也算是一场家庭欢宴吧。

晚上，当老咪和蒜头钓鱼回来时，啦啦已经在餐桌上摆好了四凉四热八菜一汤。

四凉菜：

松花豆腐

五香熏鱼

芝麻核桃仁

盐水煮毛豆

四热菜：

梅干菜焐肉

龙井虾仁

蟹黄蛋

芥蓝爆炒腰花

一汤，是照顾老咪口味的羊杂碎汤，上面飘着碧绿的香菜，撒了多多的胡椒粉。

一点心，是薄皮大馅的小笼包，配上浓浓的镇江老陈醋，那是蒜头的最爱。

蒜头平时在学校虽然饿不着，但毕竟只是填饱肚子的大锅饭，菜肴单调。看到啦啦精心烹饪的这一桌美味佳肴，蒜头忍不住欢呼雀跃，扑上去亲了啦啦一口："谢谢妈妈！"

啦啦心甜如蜜，看着父子俩狼吞虎咽，忙活半天的疲劳瞬间烟消云散。

没想到，蒜头一番风卷残云后的点评让啦啦大跌眼镜。

"妈妈，这盘凉拌松花豆腐黑白两色，色彩有点单调，若加一点黄黄的肉松，绿绿的葱花，不仅更漂亮，口感也会更丰富。"

"熏鱼有点炸老了，火候没掌握好。最好是外焦里嫩，老了就干巴了。"

"芝麻核桃仁外面的包浆如果用蜂蜜而不是用白糖，颜色会更透亮呢！"

"煮毛豆，妈妈你先放盐了吧？这样不容易煮烂，爸爸你不觉得毛豆有点硬吗？另外，煮毛豆时最好放点桂皮、茴香，那样味道就更好了。"

蒜头头头是道的点评甭说让啦啦大跌眼镜，连老咪也吃惊地望着儿子说不出话来。

蒜头却没有注意到爸爸妈妈惊讶的表情，仍然意犹未尽地舞着筷子大放厥词：

"这碗梅干菜焐肉够水平，妈妈，你不是炖的，是隔水蒸的吧？"

"你怎么知道？"啦啦傻了。

"肉烂，形不散。要不是隔水蒸，肉这么酥烂，早就夹不起来了。"

啦啦被儿子夸得刚有点小得意，蒜头接下来的点评又让啦啦几乎对自己的厨艺丧失自信。

"这盘芥蓝爆炒腰花是妈妈最大的败笔。"

“怎么啦？不好吃吗？”

“好吃不好吃在其次，爸爸你看这颜色，还有食欲吗？这菜怎么能放酱油呢？芥蓝的翠绿被酱油色一盖，乌里乌涂的，菜的色香味，第一条色就让妈妈破坏了。”

小子说的真没错，其实这道菜放不放酱油啦啦是犹豫了一下的，她也知道绿菜不应该放酱油，可是腰花呢？腰花清淡会不会有点腥？一念之差，就倒了酱油。

啦啦从心里承认，她真的要对蒜头刮目相看了。

“还有，除了色香味，其实菜的形状也很重要。妈妈你切腰花要改改刀，得切出花来。”

啦啦看着眉飞色舞的蒜头目瞪口呆，这不一个活脱脱的“小那五”吗？

邓友梅笔下的那五嫌人咸菜丝儿切得粗，入不了口，要人改改刀。可人家祖上是有名头的，爷爷在内务府当过官，所以这小子落魄后依旧玩风筝、拎鸟笼、摸蛐蛐、斗鸡摸狗、听戏看花。那五说改改刀的话不稀奇，人家是正宗的八旗子弟。而小小的蒜头居然也说出“改改刀”的话，还真让啦啦哭笑不得。

此刻，啦啦终于意识到《贝太厨房》在蒜头身上产生的效应了，与同龄孩子相比，蒜头的厨房知识显然高出一截，他对吃的审美和品鉴也令啦啦深感意外。她不知道这对蒜头来说是好是坏，但有一点是可以肯定的，蒜头读《贝太厨房》必定不是一期两期，兴趣阅读对蒜头潜移默化地接受一个未知领域的知识，显然要比老师或者家长苦口婆心的讲解来得轻松和容易。

问题是，蒜头虽然看起来掌握了一些厨房知识，但却从未有机会将这些知识运用到实践中去，这不纸上谈兵么？这恐怕也是现在许多独生子女眼高手低的通病。啦啦不希望蒜头只是一个光会动口不会动手的小那五，她期待蒜头能够把兴趣变成本领，最不济，也起码为今后走到哪里都饿不死，掌握一点厨房手艺。

啦啦把自己的想法对老咪说了，没想到老咪却觉得啦啦关于“本领”和“手艺”的说法匪夷所思。首先，老咪是典型的北方大男子主义者，觉得女人做饭天经地义；男人下厨娘们唧唧，这和“本领”“手艺”更是八竿子打不着。第二，在孩子教育问题上，老咪历来主张放任自流，他认为，什么事情都不能刻意，一刻意，就会剥夺孩子的快乐。而快乐是当今中国的孩子们最最缺乏的！何况，老咪骨子里是个把蒜头捧在手里怕摔了，含在嘴里怕化了的主，要让蒜头进厨房点火动刀，磕了烫了怎么办？打死他也不乐意。

啦啦说服不了老咪，又怕争执引起矛盾，只好暂且回避这个话题。

等到晚上看电视，老咪要看一场心仪的足球比赛，蒜头要看刘仪伟的“天天饮食”，这种时候，啦啦总是“小三”，没有家庭地位，只好选择一个跟着看。

与足球相比，啦啦只好选择“天天饮食”，虽然她不喜欢刘仪伟的主持风格，但和蒜头一起看电视，学做菜，倒也别有一番乐趣。

老咪再想着足球，也绝对不会和儿子争。他只好出门到朋友家去看了。

刘仪伟的风格虽然有点娘，但幽默、搞笑，倒是挺对蒜头的口味。正当蒜头看得津津有味，同时又毫不客气地东一榔头西一棒槌地挑节目的毛病时，啦啦突然问蒜头：“儿子，你说得头头是道，有没有想过自己做一做？”

蒜头显然没有这个思想准备，但他眼里一闪而过的兴奋还是被啦啦捕捉到了。

啦啦进一步煽风点火：“明天是星期天，你的作业不都做完了吗？你可以尝试给爸爸妈妈做一顿午饭，将你在贝太厨房和天天饮食里学到的拿手菜给我们露一手啊！怎么样？”

蒜头有点动心，更多的却是担心，他问啦啦：“妈妈，我行吗？我从来没做过菜呀！”

“没做过怕什么！实践出真知么。你不试一下，怎么知道自己不行呢？就像给地板打蜡，你从来没干过，不是也干得挺好么！”

“对呀！可是……可是万一做不好怎么办？你和爸爸不就要饿肚子了吗？”

“没关系，妈妈相信你能行！退一步说，万一做砸了，那我们就出去吃涮羊肉，怎么样？”

见蒜头还有些犹豫，啦啦开始用激将法：

“光说不练算什么本事！你批评妈妈头头是道，你做给妈妈看看呀！你要是想试一试，妈妈现在就给你100元钱，明天一早你自己去买菜，荤素搭配，吃什么喝什么，决定权全部交给你啦。”

蒜头被这样一次庞大的独立机会弄得紧张而兴奋，他在客厅的沙发上来了一个鹤顶红倒立，嘴里大喊：“耶！”

啦啦赶紧将手指放在嘴唇上：“嘘！别让爸爸听见了。这是妈妈和蒜头的秘密，等到明天你做出一桌菜，那时我们再给你爸爸一个惊喜，好吗？”

第二天，啦啦还没起床，就听到蒜头悉里索罗出门了。

啦啦一看钟，才六点半，心里有点不忍。平时双休日蒜头起码睡到八九点的。她起身走到凉台上，看到楼底下蒜头拖着一辆手拉车，小小的背影在刚刚升起的晨曦中向河边的农贸市场走去。啦啦相信，蒜头肯定是今天菜场里最小的买菜人。

盐
醋

太阳照屁股时，老咪才伸着懒腰醒来。他大声喊蒜头，嚷嚷着要带蒜头钓鱼去。半天不见蒜头回应，有点奇怪。问啦啦，啦啦神秘地朝厨房一努嘴，老咪才发现，自己昨晚的阻拦根本没用，一切木已成舟。

蒜头一个人的厨房大战从上午不到九点进行到下午一点半，将近五个小时，只听得厨房里乒乒乓乓，叮叮当当。啦啦几次想推门进去，门早被蒜头从里面反锁。啦啦和老咪饥肠辘辘，大眼瞪小眼，焦急地等待着蒜头的大餐。

忽听里面咣当一声，紧接着听到蒜头"哎哟"的叫唤。啦啦心里一抽，急得大声敲门。这时候反倒是老咪沉得住气，对啦啦说：

"没事，男子汉大丈夫，受点小伤不算什么。"

"可他才十岁。"

"那又怎样？你第一次参加双抢割稻时不也是小学四年级，也只有十岁么！"

啦啦摸着自己左手虎口处一道小小的刀疤，点点头。

二十分钟后，厨房门终于打开，蒜头满头大汗，脸上白一道灰一道地走出来了。啦啦赶紧抱住儿子，心疼地问："儿子，伤哪儿了？"

"没事，切破点皮。不疼！"

厨房里一片狼藉，水池子被一片黑焦炭堵了，蒜头说那是他做的咕老肉；铁锅里一锅浆糊，蒜头说是酸辣汤；倒是蒸锅里一碗像鸡蛋羹似的东西有模有样，黄黄的蛋羹上用红萝卜刻出一朵花，用莴笋剪出茎和绿叶，蒜头说这是布丁；布丁下面还有一屉大大出乎啦啦意外，那是一盘梅干菜蒸汪刺鱼，黑黑的干菜和黄黄的汪刺鱼中间，是一坨白色的，剥了皮又拼回原样的大蒜。

啦啦眼眶一热，泪水哗地流了下来。她相信老咪一定也和她一样，读懂了蒜头对爸爸妈妈的爱！

四样菜中，咕老肉和酸辣汤显然不能吃了，剩下一个布丁甜得发腻；汪刺鱼有点腥，肯定忘了放料酒和生姜。但啦啦和老咪大口大口地吃着，觉得这是世界上最美味的两道菜。

站在一旁脸上黑一道白一道的蒜头，此刻在啦啦眼里，简直就是一个神勇无比的厨房绿行侠！

啦啦的
快乐教育心得

很多孩子都有眼高手低的毛病，家长也常常抱怨自己的孩子光说不做。但，孩子“做”的机会，有时是父母为他们创造的。大胆放手，他才会给你惊喜！

part 03

米露的倈包

蒜头放暑假前，啦啦同时接到两个邀请。

第一个邀请是法国一家出版社发来的。啦啦编辑出版的那部反映中国校园生活，对传统教育体制提出挑战的小说畅销后被翻译到法国，没想到在法国的中学生中间引起不小的反响，销量不错。法国的那家出版社邀请啦啦和小说作者暑假去法国访问，和法国中学生对话。人家老外很人性，特意在邀请函上注明，可以带孩子同行。

另一个邀请是中华文学基金会发来的。基金会联合全国数十名著名作家给全国各地老少边穷地区捐赠图书馆，第一站是云南西双版纳。啦啦编辑那套《滇西北风情录》画册时，跑遍了云南的山山水水，对那片美丽的土地特有感情。她和朋友通过一个热衷慈善事业的民营企业家给基金会联系落实了一笔 100 万的捐助款，准备在云南建造十个育才图书馆。这次中华文学基金会要在第一个建育才图书馆的西双版纳小学举行捐赠仪式，邀请了全国二十多位著名作家和京城十余家新闻媒体，希望这次仪式只是开头，几年内让全国老少边穷地区有 100 个育才图书馆。基金会邀请啦啦出席捐赠仪式，会长知道暑假里啦啦希望多陪陪儿子，所以特地打电话给她，

事先准备好
的稿子，根本
就是多余的啊
……

让她带上儿子。

一边是浪漫迷人的巴黎，一边是美丽深邃的西双版纳，该去哪儿呢？啦啦很纠结。

其实对啦啦来说，显然巴黎更具诱惑，因为她没有去过法国；而对蒜头来说，啦啦相信小孩子肯定更向往出国，既然暑假下决心陪儿子，那就让蒜头来做这个决定吧！

没想到蒜头听了啦啦的巴黎之行和西双版纳之旅，脑袋一歪，眼珠一转，冲口说："妈妈，我们去西双版纳吧！"

蒜头的选择大大出乎啦啦的意料，她自以为还是搭得着蒜头的脉的，卢浮宫、凯旋门、法国大餐、香榭丽舍大街……哪一样不钓孩子的胃口呀？可是蒜头怎么偏偏选西双版纳呢？是想看长臂猿呢，还是想骑大象呢？

蒜头说，报纸上老说西部的孩子苦，我就是想看看那儿的孩子到底苦到什么样？另外，我想米露了。妈妈，你还记得米露吗？还有康康和卓玛！

啦啦怎么会不记得呢？

蒜头的选择，当然就是啦啦的选择。她给那位小说作者打电话说明情况，让他自己去法国。没想到那孩子暑假里也有了自己的安排。

尽管法国方面对这次的邀请访问做了精心安排，对啦啦和那位小说作者的婉拒很不理解，并一再发来诚恳的函件。但啦啦主意已定，已经开始和蒜头一起准备去西双版纳的行装。

老咪知道蒜头放弃巴黎而选择西双版纳，显得十分兴奋，这位办了十年护照却没有走出国门一次的报人，从来就对牛奶面包加咖啡的国度嗤之以鼻。他给蒜头下载了金丝猴、长臂猿等多种猴类的图片资料，说："蒜头，这回你可以好好会会你的老祖宗，你这个属猴的小猴早就该到原始深林里去拜见一下老猴了!"

啦啦说:"你别想歪了,蒜头不是去玩的,他是想去看看西部的孩子苦到什么样,我想该让他这种蜜罐里长大的孩子受受教育,这才放弃巴黎去西双版纳的。"

老咪一撇嘴,不以为然:"行啦!别什么事儿都往教育上扯,孩子受了一学期教育啦,暑假就是让他玩!儿子,带上钓鱼竿,西双版纳水多,好好过把钓鱼瘾。"

蒜头欢呼着准备鱼竿、渔具、鱼食,啦啦在一旁看爷儿俩一唱一和,哭笑不得。

老咪又掏出200块钱塞给蒜头,说:"出门在外,图个方便。"

啦啦和蒜头到达西双版纳时,来自全国各地的作家们已经济济一堂,大家都很重视这次为老少边穷地区的贫困孩子捐助自己的爱心,除了发起这次捐助行动的中华文学基金会要求作家们捐助自己创作的各类图书以外,作家们还纷纷捐钱、捐物,有的捐电脑,有的捐书画,还有的捐崭新的衣服和被褥。

蒜头把啦啦拽到一边,悄悄地对妈妈说:"妈妈,我想把爸爸给我带的200元零花钱捐了。"

"好呀!"啦啦很高兴儿子有这份爱心,平时老咪和自己给蒜头的零花钱他可舍不得花呢!

"可是,200块钱太少了吧?别人都捐那么贵的东西,我这点钱有点拿不出手。"

"儿子,爱心不分多少。这是你自己省下来的零花钱,是一份心意,心意是无价的。"

蒜头没再说话，但一会儿就不见了人影。

蒜头还是觉得200元钱虽然是自己全部的零花钱，但在大人们的捐款中，这连九牛一毛都算不上。

妈妈说，心意是无价的，可是在一大堆钱物中，有谁会知道有200元钱是一个北京小学生对西双版纳小朋友的心意呢？

蒜头在大街上逛了很长时间，最后走进了一家文具店，买了48个铅笔盒，每个铅笔盒里都配上两支铅笔、一块橡皮、一把尺子、一个卷笔刀。

文具店的营业员阿姨很奇怪，问他为什么要买这么多文具？当知道是要捐献给西双版纳的孩子们时，阿姨很感动。

蒜头说，自己在北京小学上学的那个班就是48名学生，所以他要买48套文具送给48个西双版纳小朋友，回北京后他要让班上的同学们和边疆的小朋友结成对子，通信，互相帮助，将来还要邀请他们去看天安门！

文具一结算要300多块钱，蒜头只有200元，营业员阿姨自己添上了100多。她说，你一个北京小孩都有这份心，我掏这点儿，向你学习啦！

蒜头拎着两大包文具回到宾馆时，天已经黑了。啦啦正焦急地和几位叔叔阿姨在门口东张西望，见到蒜头满头大汗地回来，妈妈刚想埋怨，看到蒜头手里的东西，便问："这都什么呀？"

蒜头说："文具。我想西双版纳的小朋友肯定喜欢！"

蒜头用自己的零花钱买文具捐献给西双版纳小朋友的事儿，马上被作家叔叔阿姨们知道了。

晚上，基金会的会长找到啦啦房间里，摸着蒜头脑袋，直夸他是个有爱心的好孩子，并要蒜头在第二天的捐赠仪式上代表北京小学生发言。

啦啦知道明天在捐赠仪式上发言的都是著名作家，不免担心蒜头没心没肺，舌头上跑小火车。

会长走后，啦啦赶紧让蒜头别看电视，抓紧时间写篇发言稿。

蒜头说："妈妈你烦不烦，发个言有什么大惊小怪的，我发言从不写稿，从来都是心里怎么想，嘴上就怎么说。"

啦啦急了："你以为这是你们小学生开班会呐！那么多著名作家，全国来了那么多家新闻媒体，还有电视台实况拍摄，万一出错……"

蒜头一脸满不在乎，说："妈妈你放心，我三年级就得过区小学生演讲比赛一等奖，明天的发言小菜一碟！"

啦啦不信："我怎么从来没听说你演讲比赛得奖的事儿？"

蒜头眼白一翻，小嘴一撇："这点芝麻绿豆事，有什么好说的？"

看那架势，要蒜头准备发言稿肯定没戏，但毕竟是大庭广众的重要场合，啦啦心里还是没底，只好自己替蒜头写了一篇发言稿，塞在他的衣服口袋里，有备无患。

第二天，阳光灿烂，蓝天白云。作家们乘车颠簸了几十公里山路，来到一个傣家村寨小学，方圆几百里的另外几所小学的孩子们一大早也都赶过来了。小姑娘穿着鲜艳的傣家筒裙，青丝高高地挽成发髻盘在头顶；男孩子则穿着无领对襟短衫，五颜六色的布巾包在头上，加上四村八寨闻讯赶来的村民，少说也有几百号人。

主席台上，二十多位著名作家坐了两排，还有基金会领导、当地领导、学校老师、学生代表，台上满满当当。主席台两边都架着摄像机，媒体记者的照相机更是咔嚓咔嚓照个不停。

先是领导致辞，然后是作家代表发言，等到会议主持人说下面请蒜头小朋友代表北京小学生上台讲话时，啦啦的心一下子蹦到了嗓子眼。

蒜头穿着白衬衫，戴着红领巾，上台就给大家敬了一个少先队员礼。

啦啦目不转睛地看着蒜头被阳光照得红扑扑的小脸，心里说：赶紧把稿子拿出来念呀！

没想到，蒜头根本没有拿出啦啦辛辛苦苦赶写的稿子，拉低话筒，开口就说：

敬爱的作家叔叔阿姨们，亲爱的西双版纳的同学们，大家好！

我是来自北京小学的四年级学生蒜头，我是第一次踏上西双版纳的土地，虽然我早就从电视里书本上知道了这片美丽的土地，但是真正走近它，我才知道，我们以前只知道它的美丽，不了解它的贫穷；我们只看到一片片翡翠般的绿，没有发现绿的下面是干涸的黄。我们和西双版纳的孩子们同在一片蓝天下，我们大城市的孩子每天坐在窗明几净的教室里上课，而西双版纳的小学生们连一个干干净净的厕所都没有。

我曾经认识了一个傣族小姑娘，她叫米露，长得很漂亮，心地很善良。她和我说过，她们西双版纳的女孩子最羡慕的是大城市里的厕所，像住人的房子。她也喜欢我们城里孩子用的五颜六色的文具盒，她们也没有。

我不知道今天米露会不会来，我带来了 48 套文具盒，有一套是送给米露的。

这时，台下一个穿着筒裙，背着傣包的小姑娘向他招手，嘴里大声喊：

“我在这里!”

蒜头高兴得跳起来,他似乎一点也不意外,他一直有一种预感,他能在这里碰见米露。

米露,我给你和你的同学们买了文具盒,里面有铅笔、橡皮、尺子、卷笔刀,希望你们喜欢。

作家叔叔阿姨们捐给你们的图书馆,那里面一定会有干净的洗手间,你们可以在里面读书,上厕所。

我送给你们的文具盒,里面东西不多,但你们可以写字、画画、做作文、算算术。

等你们学好知识,考北京的大学,我带你们上天安门!

被唤作米露的傣族小姑娘热泪盈眶地走上台,她从蒜头手里接过那一大包文具,深深地鞠了一躬。

蒜头脸红了,他长这么大,还从未有人向他行过这样的大礼,一下子手足无措,也赶紧给米露鞠了一躬。

台下爆发出一阵热烈的掌声。掌声中,米露摘下自己身上背着的傣包,挎到蒜头的身上,雪白的衬衣映衬的五彩的傣包格外鲜艳。

兴奋的媒体记者看着这动人的一幕纷纷围了上去,一只只话筒对着蒜头,电视台的摄像机更是不失时机地转着镜头一阵猛拍。

蒜头有点不好意思地把米露拉倒镜头前,说:“叔叔阿姨,你们采访米露吧,让更多的城里孩子们认识米露,认识西双版纳的孩子们,我相信一定会有更多的城里孩子来这里和他们交朋友,把自己的书本、玩具捐给他们,让这里的孩子们和我们一样快乐!”

台下的啦啦看着台上的蒜头，觉得自己写的那篇发言稿真是多余。孩子内心的成熟和强大其实常常超过大人的想象，做家长的完全没有必要给孩子安排什么，只要留意孩子需要什么就 OK 了！

啦啦的快乐教育心得

孩子内心的成熟和强大，其实常常超过大人的想象，做家长的完全没有必要给孩子安排什么，只要留意孩子需要什么就 OK 了！

part 03

水龙头事件

蒜头从小到大都是一个淘气的孩子，他的调皮捣蛋和古怪精灵，常常让啦啦心惊肉跳，又哭笑不得。

刚刚学会走路的时候，蒜头还不会说话，但嘴里已经能发出“啊啊哦哦”的声音，两只小脚巴丫子闲不住，跌跌撞撞地满屋子乱转。

蒜头最喜欢做的一件事情，就是拿一根筷子寻找小洞洞。寻找到了，他就会大叫一声：“哇！”接下来就是拿筷子捅进小洞洞。

屋子里哪有什么小洞洞，让蒜头兴奋不已哇哇叫唤的，不就是每个房间都有的电插销洞么？

啦啦第一次发现蒜头对插销洞情有独钟时，这小子正蹲在地上，撅着屁股蛋蛋，胖嘟嘟的小手紧紧抓着一根竹筷，嘎吱嘎吱转着往插销洞里捅。

啦啦吓得半死，那洞洞里全是电哪！她一把拖过蒜头，照着小家伙白白嫩嫩的屁股蛋蛋就是噼哩咯喳一顿拍。

老咪闻声赶来，刚想和啦啦理论，一看插销洞上还插着的一根筷子，也有点后怕，冲上来对着蒜头一通吼。

这件事发生以后，老咪用黑胶布将每个房间的插销洞都封贴了，实在常用的，也都想方设法用橱柜遮挡。

蒜头很困惑，那么多的小洞洞怎么一下子都不见了呢？

蒜头的第二个目标，是沙发旁边小茶几上的电话机。

他爬上沙发，盯着电话机想，这个小小的盒子一样的东西，为什么会有一只红眼睛，一直绿眼睛在眨巴呢？又为什么有一个个爬满蚯蚓的小方块呢？他抓起话筒，里面为什么会发出“嘟嘟嘟”的声音呢？

接下来蒜头又对蛇一样的电话线发生了兴趣，再接下来，电话线被蒜头一把拽出，电线接口处，一个黑乎乎的小方洞露出来了。

蒜头又发出一声“哇”的大叫，这回不用筷子，直接就用手指头往里捅了。

幸亏这声“哇”叫得响亮，老咪和啦啦都听到了，赶紧跑过来。一看，两人都倒吸一口凉气。一商量，电话线拔掉，电话机束之高阁。

等到蒜头四五岁的时候，这一类让爸爸妈妈心惊肉跳的事情渐渐少了，而让啦啦哭笑不得的事情却又隔三岔五地发生。

有一次，蒜头用剪刀剪开了啦啦最最心爱的一条丝绵被。

那种被子如今根本看不到了，商店里也没有卖的。那还是啦啦和老咪结婚时，蒜头外婆自己亲手做的。里面的被胎是啦啦亲眼看着蒜头外婆一层层绷拉的薄如蝉翼的丝绵，被里是雪白柔软的全棉细纱洋布，最漂亮的是西洋红的丝绸被面，上面有金丝线绣的龙凤呈祥图案。这条被子又轻又暖和，啦啦自己都舍不得盖，一直收藏着。因为蒜头晚上老要蹬被子，啦啦

觉得家里的被子都太厚太沉，这才找出这条轻薄的丝绵被给蒜头盖。

没想到，这条美丽金贵的被子却让蒜头用大剪刀开膛破肚，大卸八块。

怒火中烧的啦啦忍不住要给蒜头一个耳刮子，手举到半空却落了下来，弱弱地问蒜头："宝贝，你为什么要把被子剖肚皮呢？你看，龙的尾巴被你剪断了，凤的翅膀也被你绞折了，它们多疼啊！"

蒜头一脸无辜地仰着小脸看啦啦，说："妈妈，这条被子那么轻、那么薄，为什么比厚被子暖和呢？我想知道里面有什么秘密。"

啦啦愣住了。

还有一次，老咪出差回来，带回一口漂亮神奇的闹钟。闹钟的造型是一座挪威森林风格的小木屋，每到一小时报时的时候，小木屋的窗户就会自动打开，一只布谷鸟就跳上窗台，"布谷布谷"地叫，几点钟，叫几声。

每次布谷鸟叫唤的时候，蒜头不管在哪个房间，无论在干什么，都会箭一般地射过来，瞪大眼睛一眨不眨地盯着布谷鸟一开一合的尖尖嘴。

终于有一天，布谷鸟被蒜头弄死了。小木屋被蒜头拆得七零八落，木片、螺丝、齿轮，乱七八糟的在桌上摊了一堆。

这回轮到老咪生气了。为了给儿子挑选礼物，老咪跑了好多地方，最后才看中这个住在小木屋里会唱歌的布谷鸟闹钟。满心以为蒜头和布谷鸟会成为好朋友，怎么突然间就把布谷鸟的家给拆了，布谷鸟也给弄死了呢？

蒜头不明白爸爸为什么要发那么大的脾气，他也不知道自己错在哪里。他不就是想看看小木屋里藏着什么暗道机关么？他不就是想弄明白，会唱歌的布谷鸟为什么不吃东西也不会饿死呢？

啦啦在一旁看着怒发冲冠的老咪，又看看满脸委屈的儿子，突然觉得爷儿俩都很可爱。她当然不认为老咪生气有什么错，但她也不觉得蒜头就必须挨一顿狠狠的训斥。她隐隐约约觉得蒜头的小脑瓜里一定转着大人不知道的想法。

事实上,在啦啦一次次地被蒜头稀奇古怪的念头和种种似乎是恶作剧的行为弄得哭笑不得的过程中,她开始意识到,自己是否应该尝试用一个小孩子的眼睛去看事物,用一个小孩子的心理去想问题。

每一个小孩子都有好奇心,每一双纯真的眼睛看任何陌生的事物都会觉得新鲜,每一颗小心脏里都会住着一个想探究世界上所有秘密的小人儿。

这不是孩子的错,这是一种和孩子一起长大的求知欲。假如大人们用自己的思维方式去衡量孩子种种出格的举动,并加以制止或干涉,说不定就会在不经意中扼杀了孩子的好奇心,那就很可能会把他们的求知欲也一起埋葬了。

当啦啦把自己的想法和老咪沟通时,老咪觉得啦啦的话好像有点道理。虽然他心里不排除啦啦有溺爱和纵容蒜头的成分,但他也认为花点代价让儿子增长一点知识还是值得的。

自此以后,蒜头再做出什么破坏性举动,老咪尽可能睁一只眼,闭一只眼;而啦啦则跟在蒜头屁股后面收拾残局。

等蒜头上小学开始,老咪对儿子的放手程度开始逐步增加。碰上修抽水马桶,安装保险丝、擦冰箱、清理吸尘器之类在大人眼里不安全的活儿,老咪也一改以往根本不让蒜头近身的习惯,几乎都让蒜头跟着。有些有轻微技术含量的活儿,老咪甚至还会有意识地让蒜头动手。

当然,凡是啦啦觉得有危险性的事情,老咪一定亲力亲为,但会让蒜头在一旁看着。蒜头在这过程中总会提出各种各样的问题,老咪会不厌其烦地耐心解答。

有一次，老咪出差了，啦啦和蒜头两人在家。母子两人一起在书房的电脑上看一部法国电影《放牛班的春天》。

电影很感人，音乐很美妙，影片里那班孩子们动听的歌声，让啦啦和蒜头都沉浸在一种美丽和忧伤的意境中。

他俩谁也没有注意到家里何时开始发大水的，等到悄悄弥散的水流到脚下，凉意沁进脚踝，啦啦才惊慌地发现，满屋子已经都是水了。

啦啦下意识大喊老咪，没有应声，才想起老咪出差了。这种时候家里没有男人，女人就没有了主心骨。啦啦心里发慌，大脑一片空白，一时不知道如何应对这突发事件。她赶紧掏出手机，想给老咪打电话。

没想到只有七岁的蒜头一下子跳起来，嘴里叫着："妈妈不要慌！我来！"话音刚落，人已冲出书房。

啦啦连忙跟出去，只听厨房里传出哗哗哗的水流声。原来是厨房里的水龙头不知何故突然爆裂了，白花花的水流正汹涌往外喷水。

啦啦手忙脚乱，却一时不知道该怎么处理。

没想到小小的蒜头此刻却表现出从容的镇定。

"妈妈，先关总闸断水！"

"总闸在哪里呀？"啦啦平时除了做饭洗衣，水、电、煤气这类的事儿一窍不通，都是老咪管的。

"妈妈，我来。"蒜头像小大人一样推开啦啦，迅速打开洗碗池下方的柜门，里面一个红色的阀门露了出来。蒜头趴在地上，两只小手使劲转动阀门，小脸憋得通红。

啦啦这才醒过神来，帮着蒜头拧紧阀门，喷涌的水流总算止住了。

啦啦看着满屋子的水束手无策，傻呆了一会儿，找来笤帚、簸箕、水桶，用笤帚把水扫到簸箕里，再倒到桶里。

蒜头在一旁看着，说："不行，妈妈。这样太慢了，水马上会渗到楼下去，人家该找上门来了。"

"那怎么办？"

蒜头没有回答，却跑进啦啦和老咪的卧室，抱起床上的棉被、毛毯，就往地上铺。

啦啦心疼地叫起来："蒜头你疯啦！你这是干嘛呀？"

蒜头根本不理啦啦，两脚还不停地在被子毯子上使劲踩。

很快，水就被厚厚的棉被跟毛毯吸干了。

蒜头做这一切时显得从容不迫，像个临阵不乱的小指挥官，又像个冲锋陷阵的小战士。

啦啦看得目瞪口呆，她简直无法相信，这个冲进冲出，在地板上铺被子、毯子的小人儿，是个只有七岁的孩子。那种决断，那种机智，那种敢于舍弃，那种解决问题所需要具备的知识和勇气，那都是什么时候钻进他的小脑袋和小身体里去的呀?!

虽然老咪不在家，啦啦却依然感到了这个家里还有一副可以依靠的男人的肩膀，蒜头就是这个家的小小男子汉！

事后，啦啦问蒜头："你怎么知道自来水的总闸阀门在洗碗池下面呢？"

蒜头诡秘的一笑，说："我不告诉你。"

啦啦又问："儿子，你想没想过那些被子、毛毯被水泡过后就不能用了，你不心疼吗？"

蒜头说："被子、毛毯可以再买新的，地板泡烂了，就要重新装修了。装修地板的钱贵，还是买被子、毛毯的钱贵？再说了，如果水流到楼下人家家里去，把人家房子弄坏了，那你要赔的就不是被子、毯子了。”

啦啦看着小大人一般的蒜头，心里油然升起一股骄傲。她想起了曾经被蒜头剪破的丝绸被子、拆烂了的布谷鸟闹钟；甚至还想起了蒜头撅着小屁股用筷子捅电插销洞，爬上沙发拔电话线的种种糗事儿。啦啦暗自感到欣慰，假如当初她和老咪面对蒜头做下的，或许让许多家长都无法容忍的出格行为也选择严加训斥，强行制止，面对突发的水龙头事件，蒜头还会有今天这样的大胆、从容和正确的应对吗？

啦啦的快乐教育心得

假如大人们用自己的思维方式去衡量孩子种种出格的举动，并加以制止或干涉，说不定就会在不经意中扼杀了孩子的好奇心，那就很可能会把他们的求知欲也一起埋葬了。

part 03

寻找 100 棵大树

一天，啦啦正在校对一部书稿，突然接到蒜头学校学生处打来的电话，让啦啦立即到学校去一趟。学校和老师的命令在家长听来就是圣旨，天大的事情都不敢与之抗争。

啦啦只好放下手头校对了一半的书稿，火速打的赶往学校。一路忐忑，不知混小子又出什么幺蛾子让老师逮个正着，连累当妈的又要当孙子深刻检讨。

学生处的G处长表情像刷了浆糊的门板，见啦啦进门只用下巴颏示意她坐下。

啦啦看到儿子一脸无辜地站在那里，看到啦啦只是嘴角蠕动了一下。

“蒜头家长，今天请你来，首先请你看一段监控录像。”G处长声音冰冷，将他桌上的电脑屏幕转向啦啦，摁了开关。

电脑屏幕里闪现出一个个镜头：

蒜头推门进来。

蒜头在电脑桌前坐下。

打开电脑。

从书包里拿出笔记本和笔。

脑袋四下转了一圈。

在笔记本上写了一会，脑袋转向右边窗户，张望了一下。

移动鼠标，开动打印机。

……

这是一个个定格的特写镜头，每转换一个镜头，电脑都会发出“啪”的一声，像是警示的声音。

啦啦只觉得后脊梁飕飕发凉，身上汗毛管一根根竖了起来。

放完录像，G处长不说一句话，意味深长地看着啦啦，显然在等待啦啦表态。

啦啦脑袋完全木掉，她不知道眼前这位G处长给她看这一幅幅定格的特写镜头是什么意思，但她注意到G处长说了“监控录像”这样的字眼。这和啦啦想象中欢歌笑语的青春校园相去甚远。

“这是……”啦啦不知道自己该怎么问。

“这是晚自修课时间，你儿子是校广播站的成员，他有广播站的钥匙。他居然利用这个便利，偷偷逃课，到广播站上电脑！”

“那他上电脑干什么呢？”

“我们不关心这个问题。”

“那你们关心什么呢？”这个问题啦啦只在心里问，嘴上却没说，因为她知道这样的问题只会引起老师愤怒。

“我们关心的是你儿子逃课，私自进入校广播站，私自上电脑，私自开打印机……”

啦啦只听到一连串的“私自”，她觉得这位G处长说这个字眼时，有一种咬牙切齿的对阶级敌人般的愤慨。

啦啦看了一眼蒜头，蒜头低着脑袋，浓密的头发盖住了大半张脸，啦啦根本看不到他的表情，只看到他的脚在地上画着圈。这是啦啦再熟悉不过的动作，只要心中抵触，蒜头脚尖必定在地上画世界地图。

G处长见啦啦看完监控录像一言不发，显然非常失望，浆糊门板脸绷得更紧，说出的话更像冰块，砸得啦啦心脏生疼：“像蒜头这样无组织无纪律，自由散漫惯了的学生是不适合课堂教学的，看你这个家长平时一定也是纵容孩子的主，领回去自己处理吧。”

“那孩子上课怎么办？”

“还上什么课！一周内都不要来上课了，免得影响其他同学。回家去深刻反省，写出深刻认识，做出深刻检查。能不能重新回学校上课，就看他自己的表现了。”

啦啦的心被一连串的“深刻”深深地刻了一刀，她只看到学生处长一开一合的厚嘴唇像鼓风机一样鸹噪，却一点也没有听明白他的意思。

还是蒜头对老师的意思领会飞快，他过来拉着啦啦的手说：“妈妈，我们回家。”

“回什么家！你都高二了，离高考还有多少时间？分分秒秒都用在学习上还嫌不够，你倒说回家！”啦啦甩开蒜头的手，很失控地也不跟老师打招呼，就冲出了学生处办公室。

一路上，啦啦一言不发，脸绷得比G老师还紧。碍着前面的出租车司机，她将一腔怒火憋在肚子里。

一进家门，啦啦无了顾忌，心中的火喷地一下朝蒜头劈头盖脸烧去："儿子，你真不让我省心，妈妈工作那么忙，压力那么大，你还给我添乱添堵。妈妈在单位大小也是个头儿，每天多少事情要处理呀，你倒好，这么大人了还给妈妈捅娄子，看老师像训孙子一样训妈妈！你太让妈妈失望了！你怎么就不学好呢？"

一通狂风暴雨的发泄后，啦啦很奇怪蒜头为什么一句话都没有反驳，换作平时，他就是不找出十条八条理由抗争，起码也会有七句八句辩解。

啦啦扭头看了蒜头一眼，心里一惊！

蒜头眼睛血红，嘴角发抖，两只手握紧拳头。

"怎么，想打人？"啦啦正在气头上，口无遮拦，不依不饶。

没想到蒜头接下来说出的话让啦啦吓出一身冷汗：

"妈妈，我已经很受侮辱了，你要是再这么不问青红皂白地说我，我只有去死！"

啦啦刚想说"吓唬谁呢"，话到嘴边在舌尖上打了一个滚又咽回肚里。因为她看到蒜头铁青的表情和凶神恶煞的眼神，这表情和眼神太陌生了，它让啦啦不寒而栗！

面前分明是一盆岩浆，不能碰，否则轻则两败俱伤，重则恐怕真会爆发极端！知子莫如母，啦啦知道蒜头其实是一个很倔强的孩子。

啦啦在心里告诫自己：冷静，再冷静。她深深吸了一口气，丢下蒜头，走进自己房间。她在床上躺下来，两眼望着天花板，一动不动，足足躺了一小时，心情才慢慢平复下来。

她起身给一个在安吉大山里闲云野鹤般度日的朋友打电话，告诉他，蒜头犯了错误被学校赶回家反省一个星期，她不知道这一个星期如何面对孩子，也不知道这一个星期蒜头该如何挨过？

没想到大山里的朋友在电话里哈哈大笑，说：“多大点儿屁事，瞧你愁的！让蒜头到山里来，待一星期，我保准还给你一个生龙活虎开开心心的儿子！”

几分钟后，啦啦走出房间，看到儿子依然站在原地，面无表情，目光空洞。

啦啦像什么事情也没发生过似的，猛拍了一下蒜头的肩膀，大声说：“发什么呆呀！赶快准备钓鱼竿、照相机，泳裤泳帽都别忘了。”

“干嘛？”蒜头有点发愣。

“什么干嘛！难道你真能在家呆一星期？那还不得发神经病！妈妈休几天年假，带你到安吉大山里玩儿去，怎么样？”

蒜头不相信似的瞪大眼睛看着啦啦，“真的吗？”

“妈妈什么时候骗过你？快点！准备好我们就出发。”

“耶！”蒜头眼里一下子放出光亮，整个人像上了发条一样，身上的每一块肌肉都跳动起来。

啦啦的朋友叫刘大毛，原来也是“公家”人，当了二十几年的公务员，做过科员、主任、局长。人到中年，却突然辞去公职，毅然下海。几年后，买下一片山林、茶园和水库，在山林深处盖起一排茅屋，悠然做起了农夫。

啦啦最初和他认识是偶然看到了一本别人推荐的打印诗集《大毛的诗》，啦啦虽然不是诗歌编辑，但多年的职业敏感让她立刻嗅出了这本诗集的与众不同之处，诗中弥漫的忧郁气质与刘大毛这样一个下里巴人的名字南辕北辙。

啦啦想方设法，锲而不舍，终于在安吉的一处深山老林里找到了刘大毛。

刘大毛戴着斗笠，赤着双脚，黑红的脸庞上挂着晶亮的汗珠。一条白色的长毛犬不停地在他脚下撒欢。

啦啦背诵出刘大毛诗集中自己最喜欢的那首《寻找 100 棵大树》，她问刘大毛："你真的寻找过 100 棵大树吗？"

大毛说，事实上自己寻找的大树超过 1000 棵，为了寻找这些大树，他走遍了安吉的山山水水，几乎每一寸土地，每一段溪流，都留下了他的足迹。他觉得，每一棵大树都是一个不同的鲜活生命，每一片树叶都会发出不同的声音，每一条树枝都会伸往不同的方向，他要找不同的树，听不同的树音，走不同的路径，去往不同的地方，自己未来的人生或许就在这些不同的大树背后。

啦啦问："因为什么缘由，你会离开人人羡慕的上升仕途，而去山里寻找大树呢？"

大毛说，他大学毕业以后做了中学老师，因为工作出色，很快就被抽调到机关做文秘。每天的工作就是写各类报告，起草各种文件，一年到头写下的报告文件可以堆成小山。有一次，很偶然地，他翻阅毛选五卷，无意中发现五卷本 120 万字。老人家传世的皇皇巨著也不过 120 万字，而自己几年下来写下的文字早已经超过 120 万字了，全变成垃圾扔到字纸篓和垃圾桶里去了。

他开始改变工作方法，手中的笔换成了剪刀和浆糊，无论什么样的报告和文件，他都可以在以前的存档中找到相关或类似的东西，一剪一贴，大功告成。兵来将挡，水来土掩，百发百中，从未失误。

后来,他提升为主任,再后来,他当上了局长,也有了秘书。但他发现,不但自己依旧依靠剪刀浆糊,就连秘书也离不开剪刀浆糊了。

终于有一天,他问自己,未来的日子就这样在剪刀和浆糊中度过吗?

最后的结论是:下决心和剪刀浆糊说 Bye! Bye!

啦啦问大毛,有没有想过将自己写的那些诗歌投稿发表或者出书?

大毛说,没有想过,写这些诗歌只是因为它们从心里流出来了,自己就将它们记录下来了,那是写给自己心灵的,不想投稿。

啦啦知道自己遇到了一个干净而纯粹的人,在这个物欲横流,价值观混乱的浊世,这样安静的灵魂太少了。她放弃了给大毛出诗集的打算,却从此和大毛交上了朋友。

啦啦带着蒜头来到安吉大山深处时,大毛叔叔已经等候多时。他给蒜头准备了两大麻袋神秘的礼物,蒜头看着麻袋在地上噗噗噗地跃动弹跳,心中又兴奋又好奇,他急不可耐地要打开口子扎得紧紧的麻袋,看看里面是什么东西?

大毛叔叔制止了蒜头,他说:"别着急,我带你到河边去,到了那里再打开。"

山里有很多大大小小的河流,它们蜿蜒弯曲地伸向丛林,就像山爷爷身上粗粗细细的血管。

啦啦和蒜头跟着大毛叔叔穿过茂密的竹林,走过柔软的草地,来到一条躺卧在斜阳的金辉里,波光粼粼的河流边。

河里的石头被汩汩流淌的水流冲刷得光滑圆润,水声像琴声一样叮叮咚咚跳跃。

“真美啊！妈妈，我真想留在这里生活，我和同学们整天被关在教室里上课、作业、考试，就像关在笼子里被剪了翅膀的鸟，妈妈，你不觉得我们很苦吗？”

“可是……”

还没等啦啦想好如何回答蒜头，大毛已经把两包麻袋扛到河边。

“蒜头，打开麻袋，美的东西在里面呢！”

蒜头得令赶紧打开麻袋：“哇！青蛙！耶！泥鳅！”

啦啦看到打开的麻袋里，一只装满了绿皮黑纹的青蛙，另一只里全是黄褐色肥硕的泥鳅。

大毛叔叔说：“蒜头，这些都是我从早市上收来的，全部交给你了，由你来放生，让它们回归大自然。”

“哇！放生！”蒜头脸上像开了花一样，眼里全是啦啦很久没有看到的光亮。看到已经有青蛙从麻袋口往外蹦，蒜头赶紧拉起麻袋的两只角，“哗啦”一下将青蛙倾倒在晶亮亮的河水里，河里立刻荡漾开一片绿色的花。

蒜头转身又拎起另一只麻袋，“哗啦”一下，欢快蹦跳的泥鳅溅起了片片水花。

“太棒啦！大毛叔叔，你救了那么多小生命，要不是你把它们从早市上收回来，这么多活蹦乱跳的青蛙和泥鳅早成了人们餐桌上的菜肴了！”

和放生的青蛙泥鳅说再见后，大毛叔叔带蒜头上了茶山。

正是白茶采摘季节，采茶女戴着斗笠三三两两散落在茶园内，像勤劳的蜜蜂，采摘着芬芳的花蜜。从小在白茶园长大的大毛叔叔对白茶最熟悉不过。他对蒜头说：“白茶叶子薄、梗粗、颜色浅，采摘时须得极为精细。每一个芽头不是掐，而是撇，好茶选择在晨曦露珠蒸发之前，采摘的是芽叶初展之时，一斤茶叶最起码有 7 万个芽头。需要技艺熟练的 4 个采茶女采一天的时间。”

“哇噻！太不容易了！”蒜头眼里充满了对采茶女的敬意，这让啦啦完全没有想到。

看完采茶，又去看师傅们炒制新茶。

大毛叔叔告诉蒜头：“茶叶不仅要育好、摘好，更要炒制好。否则前功尽弃。”

炒茶师傅一看蒜头就是城里来的孩子，见他听得用心，心里高兴，也忍不住向蒜头炫技，一边用手在大铁锅里上下翻卷，一边对蒜头说：“炒茶的关键就是要讲究抓、抖、扣、带，干茶才能达到色泽翠绿多毫，香气清鲜持久，滋味鲜爽甘醇，汤色鹅黄明亮。”

蒜头转脸看啦啦，说：“妈妈，你听这位茶师傅说茶，比我们语文老师还要出口成章呢！”

·

离开茶园，大毛叔叔说：“走，带你们去一个地方品茶。”

他们来到一个松林环抱的竹楼，一块沧桑的老匾上写着：第一滴水。

进去后才知道，这个名叫“第一滴水”的茶馆馆主是位居士，一袭宽松的土布麻衣，一双蓝印花布鞋，虽算不上美人，但身上有一股道骨仙风的清冽气息。

馆主为每个人都沏上头道新茶。只见她先将少许开水冲入茶杯，接着倒进大半杯开水，隔着透明的玻璃杯，白茶翩翩起舞，如同无数个有生命的精灵。这时，白茶独特的香气慢慢溢出，弥漫在整个房间。喝上一口，清香宜人。

以往蒜头是最不耐烦和大人一起喝茶聊天的，屁股上像长了疔疮，根本坐不住。但在这座静谧的茶馆里，不知是弥漫的茶香陶醉了蒜头的心肺，还是馆主悠远淡泊的气场 hold 住了蒜头的脑袋瓜，他不但端坐不动，静观馆主一双纤手在茶海、茶壶、茶盏间流动起舞，眉宇中呈现出一种啦啦从未见过的专注。而且，蒜头除了细观茶道，还时不时向馆主提出一两个在啦啦听来过于深奥，带点哲学意味的问题。

蒜头在“第一滴水”呆了整整一个下午，走出茶馆的时候，啦啦觉得儿子好像蝉蛹蜕皮般换了一副容颜，眉宇清朗，神气安泰。

蒜头对啦啦说：“妈妈，你先回去吧，让我一个人在这里住一星期。我也想去寻找 100 棵大树，静一静，好好想一想。”

啦啦看大毛，大毛微微颔首。

啦啦说：“好吧。”

一个星期后，当啦啦再进大山接蒜头时，蒜头拿出一份写给学校的检讨书交给啦啦：“妈妈，你审查一下吧，看看我的检讨深刻否？”

啦啦没想到，自己最担心的，让蒜头写检讨书的难题，儿子轻而易举地就做好了。

啦啦问蒜头：“怎么那么快就想通啦？”

蒜头说：“通不通不是想的，是悟的。这个社会有自己的游戏规则，我既然还不可能脱离，我就得先遵守。不过，妈妈，我这不是屈服，我是迂回。我还是会去找寻我自己喜欢的生活，我不会走别人给我安排好的道路。因为现在我还缺乏科学知识，还不具备在这个社会上竞争的能力，我还想上学，所以我让步。”

啦啦看着儿子好像突然成熟的眼神，半晌说不出话来。

她不知道自己离开的这几天蒜头经历了什么，她只是在心里庆幸，自己这次带蒜头到大山里来，来对了！

啦啦问蒜头："找到 100 棵大树了吗？"

蒜头兴奋地点点头，眼里充满光彩："找到了，它们漂亮极了，那种绿，盆栽是不会有的！"

啦啦的
快乐教育心得

有的家长总想通过打骂让孩子循成人世界的规矩行事，但在孩子的青春期，这种办法常常引起孩子更大的逆反。

冷静下来，陪孩子一起做个短期"出走"，让孩子内心的郁闷有个释放的出口，说不定他能自己想明白一些道理。

蒜头
的心里话

“

我觉着自己一直算不上个好孩子，从小父母总会因为我犯下的各种各样的错误而被老师传唤至学校。

啦啦写出来的那些故事，看起来好像多少有些正面意义，其实，除此之外，我还做了不知道多少荒唐的事情。

如果您是一位家长，请千万不要把啦啦的书当做教育孩子的心得，因为直到今天，我也就是千千万万即将毕业踏入社会的普通大学生中的一员，前途似乎十分渺茫，在我身上还丝毫看不到成功的影子。

但是，有一点很重要，在我的成长岁月里，多数时光，我较之别的孩子而言，少了一份烦恼，多了一份开心。

我一直认为，孩子绝对不能缺少压力。压力主要来源于两方面，内部和外部。相对而言，我认为内部的压力会更能产生正面的作用。啦啦同意我放弃了奥数的学习，更多的是因为我无法适应这种教学。而在这种外部压力减轻的同时，当我看到同学的数学成绩突飞猛进的时候，我的心里却又从另一面产生了压力。这一点，啦啦并不知晓。

实际上，压力并没有因为啦啦对我的宽松而减少多少，所不同的是，我在受到压力而产生行动时，可能比别的孩子有了更多的选择权。在这种内外压力的转化中学会选择，最少不了的，无疑是家长的鼓励与敦促。

成长中另外极为重要的一点就是：经历挫折。

我在年少时有着很多不切实际的念头，比如开一个台球馆。当时啦啦并没有直接否定我的想法，而是告诉了我应该考虑的经营的问题。后来，

蒜头的心里话

台球馆并没有开起来，我当老板的梦也没有实现。但是，在我的成长过程中，面对这样的事情，啦啦从来没有横加干涉，这让我或多或少地将梦想都付诸了行动，而我也是在这些行动中，逐渐认识到了父母意见的正确性。

和那些总是直接被家长纠正人生道路的孩子相比，我或许多走了一些弯路，却因此少了很多偏激与叛逆。

我想，对于孩子的教育，永远不该评价正确与否。

”

图书在版编目(CIP)数据

蒜头的世界:快乐妈妈教育笔记/袁敏著. —上海:华东师范大学出版社,2015.1

ISBN 978-7-5675-3034-8

Ⅰ.①蒜… Ⅱ.①袁… Ⅲ.①家庭教育 Ⅳ.①G78

中国版本图书馆 CIP 数据核字(2015)第 018752 号

蒜头的世界

快乐妈妈教育笔记

著　　者　袁　敏
责任编辑　刘　佳
责任校对　胡　静
内文插图　陆　影
装帧设计　陆骏璇

出版发行　华东师范大学出版社
社　　址　上海市中山北路 3663 号　邮编 200062
网　　址　www.ecnupress.com.cn
电　　话　021-60821666　行政传真 021-62572105
客服电话　021-62865537　门市(邮购)电话 021-62869887
地　　址　上海市中山北路 3663 号华东师范大学校内先锋路口
网　　店　http://hdsdcbs.tmall.com

印 刷 者　苏州美柯乐制版印务有限公司
开　　本　787×1092　16 开
插　　页　6
印　　张　13.25
字　　数　146 千字
版　　次　2015 年 5 月第 1 版
印　　次　2015 年 5 月第 3 次
印　　数　16001—26100
书　　号　ISBN 978-7-5675-3034-8/I·322
定　　价　28.00 元

出 版 人　王　焰